上｜1989 年，旅日後首度返國參加臺北馬拉松，以 2:17:15 破全國紀錄，獻給自金門到場加油的母親。

下｜旅日後以金門十大傑出人士返金受表揚並參加縣運，奪冠後與父母合影。

上｜待我如子的名商大野崎哲郎教練。

下｜於日本畢業典禮時領取畢業證書與受贈特殊貢獻獎。

上｜二度代表國家赴港參加 10 公里路跑賽，連霸後受贈冠軍盃。

下｜代表國家參加 1990 年漢城亞洲盃馬拉松錦標賽，獲得第四名，並以 2:16:00 破全國紀錄。

上｜代表佐川急便公司參加北京馬拉松公路接力賽。

下｜返臺前最後一次代表佐川急便公司出賽，奮勇爭先，完成使命。

上｜1996 年代表國家參加亞特蘭大奧運，與田徑代表隊合影。

下｜參加亞特蘭大奧運時與號稱鳥人的撐竿跳高世界紀錄保持人布卡合影留念。

上｜參加 1996 年亞特蘭大馬拉松賽，意志堅定地邁步向前奔跑。

下｜圓夢登上競技的最高舞臺——亞特蘭大奧運，感恩、開心地進入田徑場並完成任務。

上｜參加 1995 年慶豐高雄馬拉松賽，如願將國際賽冠軍盃留在國內。

下｜帶學生前往金門進行暑訓，住金門老家，減輕學生開銷負擔，阿嬤突增好多孫子相伴。

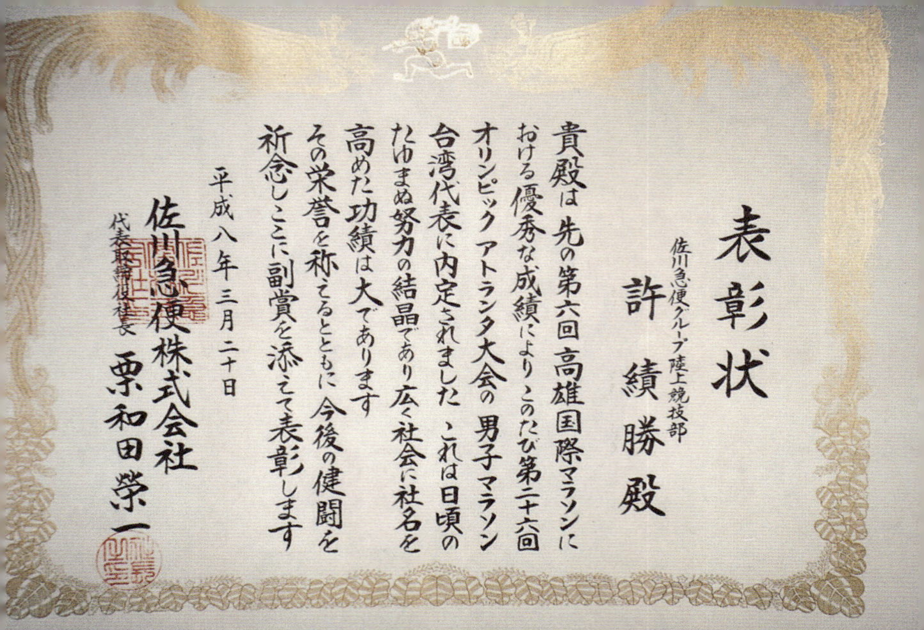

表彰状

佐川急便グループ陸上競技部

許 績勝 殿

貴殿は 先の第六回 高雄国際マラソンに
おける優秀な成績により このたび第二十六回
オリンピック アトランタ大会の 男子マラソン
台湾代表に内定されました これは日頃の
たゆまぬ努力の結晶であり広く社会に社名を
高めた功績は大であります
その栄誉を称えるとともに 今後の健闘を
祈念しここに副賞を添えて表彰します

平成八年三月二十日

佐川急便株式会社

代表取締役社長 栗和田榮一

上｜佐川急便得知我入選 1996 年亞特蘭大奧運國手後，頒贈獎狀與獎金給予表揚與鼓勵

下｜赴日留學第一年，受田協徵召，由野崎哲郎教練（前排右三）帶領赴港參加 10 公里路跑賽，奪冠後合影。

上｜與恩師雷寅雄（左）同場擔任國家級賽會裁判。

下｜返國後積極辦理訓練營，普及中長跑，並提升學員的競技技能。

上｜帶領何盡平（右一）、吳文騫（左二）和張嘉哲（右二）前往阿里山進行移訓。

下｜帶何盡平（右）赴日與奧運選手山本亮（中）合訓。

上｜ 2025 年帶領臺灣體大選手至金門移地訓練時，結合多校進行合訓。

下｜受聘為臺灣體大教師在專長課執行訓練工作。

上｜帶隊返鄉參加金門馬拉松。

下｜受邀至各地分享馬拉松跑步技術與健康促進指導。

上｜用自己的專業培訓一群馬拉松精準配速員，為跑步愛好者提供一個優質的配速列車，幫助跑者創造優異成績。

下｜萬金石馬拉松實況轉播講評。

上｜陪伴成都世大運選手周賢峰（左）慢跑收操。

下｜擔任國家代表隊教練，首度獲得國際大賽獎牌——世大運女子半程馬拉松團體銅牌。

上｜早期金門移訓全住官裡老家。

下｜例行的五點半晨操。訓練後合影留念。

上｜2023 年擔任國家代表隊教練，指導曹純玉（右二）參加杭州亞運會馬拉松項目。賽後與韓國教練（右一）、選手（左二）合影留念。

下｜帶領許嘉維（右二）、詹泳逵（左一）參加 2025 年國際金標競走巡迴賽（太倉站）。

跑步的初心

撰寫
許績勝×詹鈞智

目次

我是許績勝，金門人，臺灣省立體育專科學校、日本名古屋商科大學、國立體育學院研究所畢。曾任職於實業團一佐川急便陸上競技部，1996 亞特蘭大奧運馬拉松選手，中華民國馬拉松與萬米全國紀錄保持人。

身分證上登記的出生日為 1964 年 1 月 2 日，若以事後諸葛的角度來說，或許我的長跑人生，就是一條天注定的路——1964 年是東京奧運舉辦年，1 月 2 日則是箱根驛傳接力賽的「往」路日。

＊ 1964 年 1 月 2 日為登記戶口與身分證上的出生日，實際出生日期推測應該在 1963 年 12 月 10 日，A 型射手座。

＊那個年代晚報戶口是常態，因為家裡要確認小孩有活下來，才會去登記，所以實際出生日期與戶籍記載的日期可能會不同。

——楔子

一九九六年亞特蘭大奧運會

一九九六年，第二十六屆奧運會，是現代奧林匹克之父古柏坦自一八九六年復興古奧運後的一百週年。

奧運期間，位於市中心的奧林匹克百年公園發生了恐怖攻擊爆炸案，造成兩名民眾死亡，上百名遊客受傷。主嫌是基督教恐怖主義組織，出於不滿民主黨政府在墮胎議題上的立場，想藉此攻擊，迫使正在舉行中的奧運會取消。

幸好後續的賽事未受影響，比賽依原訂計畫進行。

也因為這個「幸好」，沒有剝奪我第一次，也是唯一出賽奧運馬拉松的機會。

比賽在八月四日上午七點零五分起跑，起終點設在奧林匹克體育場（Centennial Olympic Stadium），鳴槍出發後，要先繞行運動場三．五圈，然後離開體育場向北，再折返回來。一百二十四位選手，來自七十九個國家。當時的世界紀錄是衣索比亞選手丁薩莫（Belayneh Dinsamo）跑出的兩小時零六分五十秒；奧運紀錄則是由葡萄牙選手洛佩斯（Carlos Lopes）跑出的兩小時零九分二十一秒。

為避開亞特蘭大夏季的溼熱天氣，這是奧運會馬拉松首次在上午時段起跑。參賽選手中，有上屆銅牌得主弗賴岡（Stephan Freigang，德國）、第五名選手貝蒂奧爾（Salvatore Bettiol，義大利）、第八名選手谷口浩美（日本）、第九名選手加西亞（Diego García，西班牙）。世錦賽衛冕冠軍菲茲（Martín Fiz，西班牙）、

參加 1995 年世界田徑錦標賽開幕式。

世界紀錄保持人丁薩莫；身為紀錄保持者的丁薩莫，總算首次參加奧運會，但他保持的世界紀錄是在八年前跑出的成績，這次參賽可能已經過了他的巔峰期。

比賽前段，考量溼熱的天氣，沒人想在前面領跑，配速偏慢，大家跑在一起，伺機而動；在奪牌勝於破紀錄的心態下，這似乎已經成為歷屆奧運馬拉松的典型開場。

我，許績勝，也在起跑的隊伍中，最終以兩小時二十三分零四秒完賽，在一百二十四位出賽選手中，獲得第五十七名，是繼一九八四年陳長明之後，相隔十二年，再有中華臺北選手參加奧運馬拉松賽事。

還記得抵達終點時，我是帶著微笑、充滿感激的，一邊往前走，一邊努力搜尋著看臺上爸媽與親友的身影，心裡想著，自小跑步至今十七年，家裡反對我走這條路足足有十六年；如今美夢成真，我成為奧運選手，順利出賽且完成，家人對我以跑步為職業的態度，也有了本質上的改變與翻轉——從一開始不贊成甚至反對，到現在是真心以我為榮。

我喜歡跑步，就是想證明，跑步也是可以闖出一片天的。

名次	選手姓名	國籍	完賽時間
1	瑟古安 (Josia Thugwane)	南非	2:12:36
2	李鳳柱	南韓	2:12:39
3	魏奈拉 (Erick Wainaina)	肯亞	2:12:44
4	菲茲 (Martín Fiz)	西班牙	2:13:20
5	內魯卡 (Richard Nerurkar)	英國	2:13:39
6	席爾瓦 (Germán Silva)	墨西哥	2:14:29
7	莫內蓋蒂 (Steve Moneghetti)	澳洲	2:14:35
8	帕雷德斯 (Benjamin Paredes)	墨西哥	2:14:55
9	戈菲 (Danilo Goffi)	義大利	2:15:08
10	桑托斯 (Luíz Antônio dos Santos)	巴西	2:15:55
19	谷口浩美	日本	2:17:26
54	大家正喜	日本	2:22:13
57	許績勝	中華臺北	2:23:04
DNF	丁薩莫 (Belayneh Dinsamo)	衣索比亞	世界紀錄保持人
DNF	弗賴岡 (Stephan Freigang)	德國	上屆銅牌得主

比賽成績

1 一碗鹹粥的啟示

——金門農家子弟的天真童年

我出生在福建省金門縣金城鎮官裡；家裡共有兄弟姊妹六人，我排行老四，上面有兩個姊姊、一個哥哥，下面則是兩個妹妹。

住在官裡，但家裡沒人做官，爸媽是務農的。小學就近讀賢庵國小，那時期的我很愛玩，在家待不住，總是去找同年紀的鄰居玩伴到處逛，次數頻繁到村裡長輩紛紛到家裡來抱怨，對爸媽說：「請你們家『公子』不要再來找我們家小孩出去！」這會害他們農忙時人手不夠。

然後當我玩回家時就會挨罵，有時甚至是肢體上的教訓；若是在現今的學校環境裡，我肯定是那種會被貼上「過動兒」、「調皮搗蛋」標籤的小孩！

因怕被罵被打，慢慢地少去找玩伴，本來算外向的我，這段時間就強制把自己好動的心「關」了起來，刻意壓抑自己，學習適應獨處。但偶爾還是會趁著放牛時，自得其樂地東奔西跑，把牛趕過來趕過去，鄰居長輩看我這樣，好心提醒說不能這樣放牛啦！這會讓牠們飽受驚嚇而「漏屎」的。

本來還有幾位年紀比我大的兄長們會願意跟我一起跑走嬉戲，但或許他們都沒我能跑，也可能覺得跑輸年紀小的沒面子，漸漸地就沒人要跟我跑；不過我還是喜歡動，就自己一個人繼續跑。

沒想到跑著跑著，越跑越好，跑出了點成績。

——在砲聲與勞動中成長

那個時期的金門，還處於中國解放軍「單打雙不打」的生活中。單號晚上七點開始發射，通常是會分區輪流打宣傳彈；雖未具爆炸攻擊性，但砲彈外殼鋼片仍具殺傷力。當然，金門這邊也會以空飄氣球運送物資及宣傳單過去。

每回砲擊時就要躲防空洞，我們都曾受軍事教育，學如何自衛，每個人都得知道如何保護自己，不能只靠國家軍人。因為太過頻繁，打到後來，我光聽發射到落地時的聲音間隔，就大概可以判斷這發是打到哪裡的。

當時金門大多數居民都是務農，而砲彈不長眼，其落點除了造成建築物損壞外，也經常造成農業損失，但農民也無可奈何。另有少部分人是做生意的，做的當然大都是軍人相關生意。

在金門務農真的很辛苦，除了人為的砲彈威脅，還得看老天賞不賞飯吃。臺灣本島有灌溉及產銷系統輔助農業，保障農民；在這裡要是遇上當年雨量不足，作物長不好，所有投入就會血本無歸。

我國小就得幫忙分擔家務，像是劈柴起火煮飯、牧牛、補水缸水等工作；經常中午一放學就被要求上山去幫忙。當時並不覺得苦，只是覺得，這種靠天吃飯的日子，實在沒有保障，難道我長大也要繼續過著這樣的生活嗎？

國中時，偶爾也會外出打工來幫忙家計；記得有段時間去做扛水泥的工作，滿載水泥的貨車停在倉庫外，我得一包包搬進去疊起來；水泥一包是五十公斤重，一天要扛上四百包，扛到後面真的很辛苦。雖然當時還只是個瘦小國中生（我的綽號是鳥仔腳），但就是不想被一起工作的年長同事看不起，咬著牙也要完成；或許也是因我的名字裡有個「勝」字，從小面對挑戰時，就是不服輸。

個性上不服輸，課業上卻是真不行，因愛玩不讀書，國中還讀到留級。

畢業時，因運動表現不錯，本有個機會可以跟教練到臺灣去看看，那時很期待能出去走走；但夏天農忙，田裡正需要人手，家人知道後很生氣，不讓我去，最後就沒成行。這事也讓我體認到，未來不管任何事，真的到了、發生了、完成了，才算數。

——從小調皮搗蛋，因一碗鹹粥而開竅

記得有一次，上午作物採收後，下午把發黃的葉子挑掉，綁成一捆一捆的，放在池塘浸水保鮮避免枯萎；隔天凌晨兩點要起床，把所有整理好的農作物放到手推車上，推到城裡去賣。金門地形崎嶇，上下坡多，父親需要人幫忙，我就利用上學之前的時間，跟他一起出任務。

作物若盛產，市場價錢會不好，但蔬菜無法久放，只能看情況便宜賣。那天，經過一番努力，好不容易抵達目的地，菜還沒賣出去，爸爸就先塞給我五塊錢，

讓我去買點心（標記鹹稀飯）當早餐，算是慰勞我來幫忙，吃飽也好準備去學校上課。

那時開始有點懂事了。拿著父親給我的錢，點了碗粥；在吃這碗粥時，內心突然覺得有點難過，難過的是，想到父親務農的艱辛與生活的不確定性。當時心想，如果我再不努力，未來就是跟著種田，過著看天吃飯的日子。畢竟在金門務農是「看天田」——老天爺要給你，你才會有。

那天放學回家後，原本讓村里間頭痛的調皮孩子——我，突然轉變為聽話服從、使命必達的青少年。以前早上被告知放學後要做什麼，回到家書包一放就跑去玩，然後回來被揍，現在則會主動幫忙家務，努力做好被交代的所有任務。這個轉變，真的就是在那個吃粥的情境下，一瞬間的領悟。

從小做農務，為長跑運動打下良好基礎

家裡夏天種高粱、芋頭，這些作物都需要水。但這裡沒有水壩，只有田邊的池塘，還有水井，挑水行走是日常；甚至有時晚上還得睡在井旁，因為怕別人來偷抽水。水井水若抽完不夠用，就沒水灌溉，作物就長不好，數量與賣相都會受影響。

也因務農而經常在外曝曬，讓我練就了不怕熱的體質。當時作物收成都是採人工收割、集中裝袋，再從田中央扛到手推車上，然後推上馬路，非常辛苦。但這些工作打下的基礎，讓後來的我在練跑時，心態非常耐操。

回想這些農務，印象最深且令我佩服的，是跟爸爸一起挑糞。

父親挑大糞，從養豬的地方挑到山上農地施肥，糞桶裝滿後，會先撒些樹葉

從烏仔腳到鐵腿跑者，金門的土地教會我吃苦，也教會我堅持。

在上面，才不會在挑走的時候因震動而濺出來。我有時會跟著父親一起進行，那時身高已比他高，自認應該沒問題，剛出發時，還覺得老爸走得慢，為什麼不快一點呢？那時並沒有配速的觀念，不知道父親為何只是這樣安步當車地走著，但才第一趟快抵達時，我開始感到有點吃力，接著第二趟開始，還走不到一半，就感到身上有些地方疼痛、不舒服，直到受不了必須停下休息。然後是第三趟、第四趟，過程中休息一次不夠，要兩次、甚至三次才能完成，但父親都是穩穩地一次到底，有夠厲害。

或許這就是所謂的生命韌性，是我從父親身上學習到的，他總是任勞任怨，很有耐心，從不曾看過他咬牙切齒、怨天尤人，只是一步一步地完成。這身影總是能激起我的好勝心，覺得自己有朝一日，一定也要跟上。

這些年少時非刻意的身心歷練，讓我想得更多，更能吃苦，也更耐得住孤獨寂寞。我知道我需要改變，需要脫離這看天吃飯的困境；跑步，可能會是一條開創機會的路。

2——奔跑人生中的導師與貴人

——從候補開始的跑步人生

小時候東奔西跑打下的底子，到了初中，自然而然地在學校舉辦的跑步比賽中脫穎而出；但過程其實並不是一帆風順，而是帶了點運氣。

當時有一場比賽要選代表隊，初中體育老師楊媽輝教練舉辦了選拔賽，設定前十名才可入選。起跑時，我因個性內向，傻傻地排在最後面，開跑後，才一路追趕，抵達終點時，剛好排在第十一名。原本只是候補第一位，沒能入選；但前面有人決定去從軍而放棄資格，我幸運地遞補上代表隊。

帶我正式進入跑步訓練的啟蒙教練，則是金門農工時期的翁北魏老師。

初中畢業後，我進入金門農工，體育老師翁北魏教練發現我各項運動能力都不錯，覺得我有中長跑方面的潛力，於是經常在體育課前要我先去跑學校旁邊的太湖四圈，再回來上課。當時我很聽話地乖乖去跑，跑回來也不覺得特別累，自然也不會跟老師抱怨什麼。

那個時期只有八百公尺和一千五百公尺的中距離場地比賽，我也就專攻這兩項。高三時，在縣運會有不錯的成績，獲選到臺灣參加區運會（現在的「全國運動會」前身）。賽前集訓，一起競爭的選手還有蔡其用與鄭金瑞，一千五百公尺大都是我贏，八百公尺則是他們略勝一籌。

更早之前，老師一度想推薦我去左營國家中心訓練，但當時我覺得自己還沒準備好接受更高層級的訓練。反倒是後來以高中生的身分到臺南比完區運會後，受到很大的刺激——在金門跑第一名的人，在區運會賽場上竟只能希望不要墊底，但也因此燃起我想到臺灣闖蕩的企圖心。

——沒錢也要跑，走出自己的路

民國七十三年，中學畢業後，我想去臺灣讀體專，但家裡沒錢供我去，只能想辦法先找工作，靠自己努力存錢。

這時，楊媽輝教練把我推薦給當時官派的金門縣長張人俊將軍；教練跟縣長說：「這孩子很會跑，想到臺灣去發展，但沒有錢，可不可以幫忙？」

張縣長軍人出身，秉持戰地「管、教、養、衛」的觀念，抱著「軍民一家」的精神，請文教科科長安排一份工作給我，任務是擔任金門縣立運動場的助理員，並請楊媽輝教練擔任專案指導。我可以早上練習完再上班，下午三點半又去練習，幾乎就是後來到日本加入實業團的模式。

很感謝當時縣長不是直接給我一筆錢，而是給我釣竿——他沒有直接給我魚吃，而是安排一份可以兼顧賺錢、存錢與訓練的工作。

我很珍惜這個機會。

這段時期，我每天早上都會先跑十一公里，路線大致是：金城國中（金門縣立體育場）↓延平郡王祠↓水頭↓舊金城（酒廠）↓古崗↓我家（官裡）↓莒光樓↓金門縣立體育場（金城國中）。

張人俊將軍，民國 72 年 8 月任金門縣長

張人俊將軍在《張人俊八五自述・戎馬回顧錄》一書中提到：「當時的『戰地政務』是金門縣政重要的一環，必須與軍事建設凝為一體，統籌運用戰地『管、教、養、衛』一切的力量，建構一個堅實強固的『生命共同體』，發揮『軍民一家』總體戰力，確保戰地勝利。」

任職期間，張縣長深知「經濟」為戰地居民生活之命脈，於是大力提升金酒品質，鼓勵陶瓷研發，奠定金酒與陶瓷成為金門經濟命脈的厚實基礎。此外，在體育方面，請教並責成文教科李養盛科長，安排長跑健將許績勝擔任公職，並請楊媽輝老師專案指導，日後許績勝屢創佳績，成為「金門之光」、「全國之光」。

——他是嚴師，也是最強大的靠山

楊媽輝教練則是我在擔任助理員時期的主要教練。其實一開始他並不看好我，不過後來對我幫助最大的卻是他。他可以說是我的第二父親。

楊教練過去並非是田徑專長選手，但他會去學習並找資源來指導我們；他訓練最大的特色，在於堅持與嚴格，練習總是風雨無阻。他幾乎是全年無休，沒有假日，只要不在家裡，就是在田徑場。

對於學生的要求，首重態度，若有人打混摸魚，被他發現，就要有被狠狠修理的心理準備。

但教練在粗獷火爆的表象下，其實有著溫柔關懷的心。

記得有一次練習遇到颱風天，因天氣惡劣，所有選手中只有我到場，或許因為這樣的練習態度與精神，慢慢地教練發現我很肯練且耐操，每次練習都很仔細地觀看我的狀況，有時會視情況特別給我加量。

遇到訓練量過大而無法完成課表設定時，我並不會怪教練，反而會怪自己為何做不到，氣自己當下能力的不足。

記得有次在慶功宴上，楊媽輝老師從後方搭著我的肩，向全場的人說：「我跟各位講，我本來認為，在十二人當中，許績勝應該會跑第十三名。」當我聽到這話時，內心想：我真的這麼糟嗎？老師為什麼這麼不看好我？但這反而激起我不服輸的企圖心，就是要跑給老師看。我不知道老師為什麼要這樣刺激我，也或許，他那時就看出我是愈激愈能成長的個性！

老師還給我一個重要的觀念：運動員不能傻傻地練，不能當機器人，要成為智慧型的跑者。我原本是服從聽話的個性，學校老師說什麼我都照做，但老師讓我明白，練習不是盲目執行，要懂得思考。同樣地，教練也不能不動腦，只是土法煉鋼，把選手當機器人操，而是必須不停吸收新知識。楊老師的專項其實是籃球，卻願意為了我們，主動去研究許多跑步的訓練法。

他常說，運動員要能文能武、能靜能動，如此才能建立強韌的心理素質。當我愈跑愈快，進步到老師自認沒辦法再指導我時，他也沒有抓著我不放，而是主動幫我尋找更上一層樓的資源與機會。

——從島嶼奔向世界，從未忘卻起跑點

民國七十三年，當時的金門還處於戒嚴狀態，一般人若沒有許可，無法自由往返臺灣。那年田徑協會總幹事紀政（紀姊）與雷寅雄教練到金門考察田徑運動

風氣，拜訪了很多相關單位。他們來到金門體育場時，楊媽輝老師把握了這難得的機會，把我介紹給他們。楊老師把我之前的訓練狀況與特質，完整地傳達給雷老師，雷老師看我身材條件不錯，鼓勵我到臺灣升學，繼續接受訓練。後來我真的到了臺灣，雖然就讀的不是雷老師所在的臺北學校，但為了追求進步，我每週六日從臺中北上，接受雷老師的指導，從不喊累。

還在金門的那段日子，楊老師又找了楊肅元先生協助，由他定期贊助我補充營養的保久乳，幫助練習後的恢復。若沒有楊老師這段時間動用人脈、積極地協調與照顧，我不可能這麼順利地離開金門、前往臺灣發展。

楊媽輝教練退休後，將一生的閱歷與情感化作許多詩篇。他曾寫下〈CK！你沒有給我天國的電話〉，紀念一九六〇年羅馬奧運十項全能銀牌得主楊傳廣，也曾為我寫下〈唐馬〉。此外，他還寫了許多關於家人的詩作。國立臺灣體育學院曾以

「武人具文資」的美譽，頒給他傑出校友。

沒有教練當年嚴師又慈父般的訓練、照顧與栽培，就沒有我日後的成就。離開金門後，每場比賽結束，我總會想辦法向老師回報成績，最早電話未普及時，用的是電報，後來在國外則用傳真，以這樣的方式一直與老師保持著聯繫。也因此老師才會在〈唐馬〉一詩中寫下「墳前稟戰報」的詩句。

每次回到金門，除了固定探視父母親人，老師的家也是我必定走訪的地方。隨著年紀漸長，我和老師之間的關係有時也像是大哥與小弟，我們總是天南地北聊著天，無話不談。而老師的鼓勵，也一直是我持續進步、努力不懈的重要力量。

唐馬／楊媽輝

唐馬
我要告訴你
有一天
我將離去

在我走後
不需再到
我的墳前稟戰報
也別在

墳前哭泣
因為
我在賽場
不在墳場

ＣＫ！你沒有給我天國的電話／楊媽輝

（一）跳竿與手印

ＣＫ！
孕育阿美族馬蘭勇士的都蘭山
為你打造了「亞洲鐵人之家」
新闢的道路以「傳廣」為名
屬於阿里山日出的鐵人
以撐破喜瑪拉雅山頂的跳竿
回贈故鄉臺東
你又飛越臺灣海峽

把跨躍地球的雙腳
締造世界紀錄的雙手
烙印在海島料羅灣畔的陶土上
給了金門

（二）風的印記

CK！
亞洲巨掌
臺灣巨腳
一遍遍　一次次
親吻著一框框小小的陶板

直到溼潤的陶泥
深刻著你的吻痕
此時被藝術家加持的雙手早已滲血
你又分別縷刻下
WR 9121　楊傳廣　CK Yang
10、10、97於金門
溼潤的陶板
已被歲月風乾
我要問風兒
CK！你在哪裡
風兒無言

呼嘯而過

（三）重回羅馬

CK！
一九八七重回羅馬
羅馬市長為你開PARTY
我們同遊許願池
大群吉普賽小孩
纏走你的錢包與護照
隔天
在梵蒂岡的聖彼得大教堂前

你告訴我
羅馬是你的發跡地
也是你的傷心地
你在羅馬丟了奧運金牌
吉普賽小孩
又纏走了您的錢包
我說
殘缺有時也是一種美
你默然
CK！我堅信
我們的子弟

必將重回羅馬

那時

吉普賽小孩已不再流浪

羅馬市長

將為你開更盛大的 PARTY

教宗

將親自為你

披掛金牌

戴桂冠

（四）跨世紀英雄會

ＣＫ！
二〇〇四奧運會
福爾摩沙首次鍍金後
我告訴您
這海島的十月
將有一場「跨世紀英雄會」
奧運金銀銅牌大集合
世界最快的女人一九六八墨西哥銅牌羚羊紀政
迴旋踢下雅典金牌的陳詩欣將參加
養病中的您

二話不說

我去

CK！這場跨世紀跨年代的英雄會

在你走後

重聚的鑼鼓聲

何時再響起

（五）CK！您沒有給我天國的電話

CK！

英雄會後

尚義機場臨別前

您告訴我
下次您要把
體壇奮鬥史及壓箱寶
留在這海島上
記得以前
您曾經給了我左營的信箱
這次離開
您沒有給我美國住址
也沒有給我天國的電話

3——跨越第一道門檻，從金門到臺灣

——背起行囊，跨海追夢

我花了一年的時間，存到足以在臺灣讀三年書的生活費。當時的目標是報考「臺灣省立體育專科學校」或「臺北市立體育專科學校」，至於師範學校的體育科，因為自覺不善於讀書，根本連報名都不敢想。

最後順利考進位於臺中的臺灣體專。那時術科是考一千五百公尺，我以第一名錄取；但老實說，當下覺得有點勝之不武——我因國中留級，又在金門打工一年，比同場測驗的考生年長了兩歲，比人家多練兩年，跑贏也是應該的。

但無論如何，我來到了臺灣，來到這期待已久、更高更大的舞臺。相較於之前參加區運會時的膽怯與沒自信，這一次，我帶著充足的準備與滿懷的期待而來，希望能在競爭更激烈的環境下，提升自己的跑步能力。

——低調加練，學長制下的生存智慧

剛來到臺灣，生活需要適應；那個時期的體專施行學長／學弟制，不講什麼道理，菜鳥就乖乖聽話，學長說什麼就做什麼。我心裡想，我是來變強的，在團體生活中，雖然自認有實力及好成績當後盾，但若因強出頭而造成衝突，長遠下來還是不利，於是我選擇低調行事。

當時教練曾安排測量選手們的最大攝氧量，我在那次的測試中排名倒數，協調性也不如其他人；但我就是會努力找時間加強，設法跟上。

因為真心喜歡跑步，人家在休息時，我還是想繼續練習。我不會傻傻地穿上鞋跑給大家看；比較好的方法是換個地方偷偷跑。絕對不要讓教練或學長看到，他們可能會覺得我是不是體力太多、欠操練，這樣或許會牽連到其他人。

隊友慢跑練習時，通常是跑田徑場距離較短的內圈跑道，我則會選擇繞第八道跑；暖身結束時，學長問我剛剛跑了多少，我會如實回答「跟大家跑一樣圈數」，這並沒說謊，但別人跑內圈，我跑外道，距離多了不少。一開始我就是用這種低調、不出頭的方式，默默達成自己想多練一點的目標。

那時還沒有GPS衛星定位手錶可精準記錄練跑距離，我們用的是碼錶和筆，每跑完一趟，就趁還沒忘記時，把距離、圈數與時間記在練習本上。

若是一起跑間歇課表，我會在出發時故意慢個一兩秒起跑，最後則一起抵達，這一樣是秉持不出頭的原則，但又能練到更高的強度。

或許是因為我從金門來到臺灣，面對全新的陌生環境，為了盡快適應並成長，便告訴自己要多用腦，思考在學長學弟制的團體生活中，如何讓自己進步，又不至於造成隊友的困擾或壓力，於是想出這樣的方式。這種「心機」不是要去害人，而是想專注在既有環境下，如何讓自己持續變強。

有時候，我甚至會在清晨起床偷偷去練跑，跑完後換了衣服，再跟大家一起晨操。

一週雙課表，南北奔波不喊累

考上臺中體專、順利到臺灣入學後，我就跟雷老師聯絡。當時他擔任田徑協會競賽組組長，同時也在協會教練團負責中長距離選手的訓練。協會的辦公室就在臺北市立體育場南八區看臺下方，這裡同時也是個訓練站，設有供選手住宿的寢室。雷老師白天在德明專校體育組任教，下班後則利用晚上七點到九點，以及週六、日下午的時間，聚集臺北市一些優秀選手，親自帶領訓練。

當我向老師表達想跟他練的意願時，他還記得當年在金門的承諾，只是可惜我沒讀臺北體專，否則他可以就近安排。當時的通訊方式不若今日方便，遠距離的訓練讓老師有些猶豫，覺得無法充分掌握我的練習狀況。幸好大我幾屆的省體學長王景成（八百公尺好手，現任田徑協會祕書長），之前就是每週六、日北上找雷老師指導，週一至週五則待在臺中學校。我表示自己可以比照學長的模式，於是展開了我每週六搭巴士北上、晚上住在哥哥家，週日練完再南下臺中的生活。平日的練習我都會記錄下來，有機會就打電話跟老師報告練習狀況。這樣南北奔波的日子，我持續了好多年。

那段日子我同時練兩份課表，一份是學校專長課老師開的課表，另一份則是雷寅雄老師設計的課表。我會先練專長教練的課表，再照雷老師的課表加練。經常在隊友都練習完離開後，我還在場上跑著。專長教練起初對此略有微詞，但雷老師覺得，既然我想多練，他就幫忙，反正最終的比賽成果是歸功學校教練，不至於造成問題；我也總是盡可能把練習心得回報給老師。

這種肯練、耐操的個性，我想，是從小在金門農家與戰地環境中長大所打下的基礎。

——累積賽事經驗，跑進國手行列

我知道，雖然當時我是金門最好的選手，但距離真正的頂尖好手還差一大截，因此我一心想到臺灣繼續精進。而在體專即將畢業時，雖然我已是當時臺灣長距離項目的好手，但自知仍與外國選手之間有不小的差距，所以又萌生往外走走、開拓視野的想法。

讀體專的這幾年，田徑協會為了推廣長跑運動，一年舉辦十六場路跑或越野賽，距離在八至十六公里之間，採積分制，選手可累積分數，從中選出排名前七位，派出國去比賽。

剛來臺灣參加比賽時，因自信心不足，我經常在起跑時落在菁英選手後面，但隨著比賽進行，總能慢慢往前追，最後獲得不錯的名次。也因為這樣穩定的表現，最終在系列賽中獲得最高積分，被選上參加一九八五年世界越野錦標賽（IAAF World Cross Country Championships）。這場賽事在葡萄牙里斯本舉行，共有來自五十個國家的五百七十四名選手參賽，比賽距離是十二公里。

這將是我第一次出國比賽。

——越野鍛鍊與初馬挑戰，邁向長跑新里程

跟著雷老師練，加上後來入選了國家隊，除了在田徑場訓練，有時我們也會安排移地訓練。雷老師認為，長跑選手需要到郊外跑越野，臺北近郊的山區（石碇、深坑、九份）、梨山、廬山、清境農場、霧社等，都曾有我們的足跡。

而在出發前往葡萄牙之前，我倒是先在臺灣比了人生第一場馬拉松——金山馬拉松（一九八五年，萬金石馬拉松的前身）。

這場比賽，一九八四年洛杉磯奧運馬拉松國手陳長明先生也有參加，我前半段就跟著他跑，當時的全國紀錄是他創下的。不過後來他沒完賽，因為他原先就設定這場比賽是「以賽代訓」，過半馬後覺得可以了，後面就沒繼續跑。而我過去沒跑全馬的經驗，在比賽過程中，自己心裡想著：只要能撐過一半，應該就沒

問題，剩下的距離無論如何一定都能跑完。最後，這場初馬的完賽成績是兩小時二十八分五十五秒，總名次排第五名。賽後，我心裡想：跑馬拉松好像也沒有很難！

——長跑不只競速，也是文化學習

接著，就要出發前往葡萄牙，參加世界越野錦標賽。

先前受兩岸問題影響，好不容易才以「中華臺北」名稱重返國際體壇，這可能也讓入境葡萄牙的簽證申請變得棘手。幸好在時任田徑協會總幹事的紀政女士努力奔走下，透過她豐沛的國際人脈協助，才及時解決問題。我們在收到通知的隔天就集合出發，在當地傍晚時分抵達，睡一覺起來，就是開幕式與比賽日。

陳長明

太魯閣族長跑好手，1955 年出生於花蓮萬榮鄉西林村，臺中體專畢業，是第一位參加奧運馬拉松賽事的臺灣人。1984 年洛杉磯奧運會，以 2 小時 29 分 53 秒完賽，名列第 57 名。他也是臺灣第一位馬拉松成績突破 2 小時 20 分的選手。

陳長明的運動員生涯期間，海峽兩岸關係仍屬緊張，但他常在國際賽中跑贏中國選手的優異表現，讓媒體經常大肆宣傳其「為國爭光」。他曾當選十大傑出青年，後來轉換跑道投身政壇，擔任過鄉長與縣議員，2019 年 1 月 9 日病逝，享年 64 歲。

長明賞——臺灣長跑年度最佳運動員

長明賞設置於 2021 年，目的在提升臺灣長跑於國際田徑界的地位，並獎勵在長跑運動上表現卓越的運動員。特別是在國際賽事獲得殊榮或對臺灣長跑成績有重大突破者，更是優先獎勵對象。

獎項名稱取名「長明」，是為了紀念陳長明先生，其在臺灣馬拉松運動上，具有三項指標：

一、臺灣第一位參加奧運馬拉松項目的運動員。

二、臺灣第一位參加世界田徑錦標賽馬拉松項目的運動員。

三、臺灣第一位馬拉松成績突破 2 小時 20 分的運動員。

記得那場比賽，是把當地的賽馬場布置成越野跑比賽場地，選手如賽馬起跑般，間隔排在起跑閘門後準備出發。槍聲響起，我幾乎是拚盡全力跑了四百公尺，但向左右以眼角餘光瞄了一下，附近只剩幾位來自香港、大陸、澳門等地的亞洲選手，我竟身處後段的集團中。

當下心想，國家派我出來比賽，好歹也是代表臺灣的選手，絕不能就這樣吊車尾。於是我努力向前追趕，最終以兩百七十名完賽，成績在所有參賽選手中排在中段。

這場比賽的意義，在於第一次當選國手出國，讓我覺得世界很大。雖然在國內有不錯的成績，但跟世界競爭，還是有不小差距。我告訴自己，一定要跳脫井底之蛙的視角，好好向各國好手學習。

也非常感謝田徑協會的安排。雷老師總是秉持著「行萬里路，勝讀萬卷書」

【2026年柏林馬拉松參賽名額】1名、【2026年芝加哥馬拉松參賽名額】1名抽獎注意事項：

1. 中獎者須自行負擔機票、食宿前往柏林、芝加哥，參加抽獎前請謹慎評估。
2. 中獎者須本人參賽，參賽名額不得轉讓。
3. 中獎者無需配合參加富友旅行社有限公司之行程，僅提供參賽資格。
4. 中獎者由時報出版以郵件、電話通知，若中獎者未能於2日內回覆個人資料，視同放棄，並以備選遞補。
5. 富友旅行社有限公司保有活動辦法變更之權利。

【Saucony ENDORPHIN SPEED 5 輕量競速跑鞋】5雙 抽獎注意事項：

1. 抽獎內容款式說明：跑鞋為【Saucony ENDORPHIN SPEED 5 輕量競速跑鞋】，配色隨機出貨。
2. 中獎者將由專人電話、郵件通知，並確定個人鞋碼登記，並於2025.10.31前統一出貨，本活動贈品恕不提供實體店面試穿。
3. 若收到後仍覺得尺寸有誤，請於收到產品後七日內聯絡時報出版相關人員並將原贈品完整寄回（如經拆吊牌、洗滌則恕不更換），此贈品可提供更換乙次。
4. 承上，贈品僅針對尺寸更換，中獎者實際收到商品皆由Saucony指定，不提供款式／配色更換。
5. 此贈品不得轉讓。
6. Saucony保有活動辦法變更之權利。

※請對折黏封後直接投入郵筒，請不要使用釘書機。

※無需黏貼郵票

廣告回信
台北郵局登記證
台北廣字第2218號

時報文化出版股份有限公司

108019台北市萬華區和平西路三段240號4樓

第六編輯部 當代線 收

《跑步的初心：台灣馬拉松第一人 許績勝》 **抽獎回函**

請完整填寫本回函資料，並於2025.10.13前(以郵戳為憑)寄回時報出版，即可參加抽獎，有機會獲得【2026年柏林馬拉松參賽名額】1名、【2026年芝加哥馬拉松參賽名額】1名（由富友旅行社有限公司提供），或【Saucony ENDORPHIN SPEED 5 輕量競速跑鞋】5雙（由Saucony提供，市價約5,890元）

活動辦法

1. 請填寫個人資料，並黏封好寄回時報出版（無須貼郵票），將抽出【2026年柏林馬拉松參賽名額】1名+【2026年芝加哥馬拉松參賽名額】1名+【Saucony ENDORPHIN SPEED 5 輕量競速跑鞋】5雙。
2. 抽獎順序為【2026年柏林馬拉松參賽名額】1名中獎者（+2名備選）、【2026年芝加哥馬拉松參賽名額】1名中獎者（+2名備選）、【Saucony ENDORPHIN SPEED 5 輕量競速跑鞋】5名中獎者（+3名備選），依序抽出，抽中者不再放入抽獎箱重複抽籤。
3. 將於2025.10.20在臉書粉絲專頁「時報悅讀」公布中獎名單，並由專人通知中獎者，敬請留意抽獎日期。
4. 若於2025.10.22前出版社未能聯絡上中獎者，視同放棄，並以備選遞補。

讀者資料（請完整填寫並可供辨識，以便通知活動得獎以及相關訊息）

姓名： ☐ 先生 ☐ 小姐

年齡： **職業：**

連絡電話： (H) (M)

地址： ☐☐☐

E-mail：

鞋子尺碼（US/CM）： ☐ 男鞋 ☐ 女鞋

如您寄回本回函，表示您同意以下規範，請務必詳讀：

1. 本回函不得影印使用。
2. 時報出版保有活動變更之權利。
3. 若有其他疑問，請洽02-2306-6600#8231鄭先生。

的理念，只要是他帶隊，都會向協會爭取多留一兩天，在比賽後帶選手去旅遊，看看不同的人文風情。這一趟因在瑞士轉機，回程時就趁機到蘇黎世市區觀光。這小小的福利，也是我當時努力爭取成為國手的動力之一。很感謝紀政總幹事的支持，我們也都認真準備、勤苦集訓、全力競賽、挑戰自我，以實際行動來回饋所有給予代表隊幫助的人。

——被世界震撼，鬥志卻更堅強

同年（一九八五年）九月，我又得到機會去西德跑第十二屆的柏林馬拉松。柏林馬拉松是世界主要馬拉松賽事之一，有多次馬拉松世界最佳成績都是在這條賽道上誕生。

記得那次鳴槍後，因參賽的人多，光通過起跑線就要五分鐘。我注意到附近有位有白頭髮的中年跑者，速度還不錯，心想自己應該可以贏過他，就跟跑了一段，沒想到後來竟跟不上。這次出國比賽，再度給了我許多衝擊與刺激。

觀察國內當時大多數選手，可能看到這樣的競爭場景就失去鬥志，覺得反正再怎麼練也跑不過這些外國好手，想辦法維持在國內稱王就好。我卻因為有這幾次出國比賽的刺激，加上從小不願服輸的硬脾氣，回來後總是更加努力，心裡總想著：「不拚，怎麼知道我跟不跟得上世界水準？」大概也是在那時候，心中埋下了「出國訓練」的種子。

4——旅日多年，跑進世界的舞臺

——留學夢起，渴望跑上國際舞臺

那些年，我的馬拉松成績年年進步，從一九八五年初馬金山馬拉松的兩小時二十八分、一九八六年臺北國際馬拉松的兩小時二十一分四十九秒，再到一九八七年臺北國際馬拉松的兩小時十九分，將馬拉松個人最佳成績（PB）大幅向前推進，也是國內繼陳長明先生後，第二位突破二二〇關卡的人。本來想說或許有機會參加一九八八年漢城奧運馬拉松項目，後來因準備到日本讀書與訓練，就沒特別去爭取。

體專畢業後，進入左營國家訓練中心，但在中心沒有待很久。那是一九八八年，紀姊（紀政）擔任田徑協會總幹事的時期。我透過楊媽輝教練向紀姊表達自己的想法——若有機會，想出國接受更高層次的訓練。

當時我比賽的主項是五千公尺與一萬公尺，馬拉松算是兼項。那時候長距離項目還不像現在這樣被認為缺乏國際競爭力。因紀姊自己也曾旅美訓練多年，對於有年輕選手願意離開舒適圈、出國接受挑戰，她很樂意幫忙。

她對教練說：「送出國可以，但我唯一的要求是——你要保證這個選手不會變，我才願意幫他。」她說的「不變」，是指本質不變，她希望我

我沒有辜負紀姊的期待

1977 年 1 月 1 日，紀政返臺接全國田徑協會總幹事，引進了不少新觀念，包括邀請世界頂尖高手來臺，著重行銷，加強教練的培育，積極向下扎根，在亞洲賽也屢傳佳績。紀政一直擔任總幹事到 1989 年，才改任田協的理事長，並於 1993 年卸任。

許多年後，在紀姊 80 歲的壽宴上，她再次談起了這件事，拉著我，對大家說：「你們知道嗎？當時楊媽輝教練把許績勝推薦給我，我說你要保證他不會變，沒想到他到現在還是沒變呀！」

謝謝紀姊，更謝謝我的父親與楊教練，這本質是來自於他們從小的身教，總是腳踏實地，真誠地過日子。

莫忘初衷，記得田徑就是不斷追求更快、更高、更遠。

——從美國轉向日本，命運的轉折點

回想當年來臺灣念書，花了一年的時間才存夠錢，終於成行。如今若要出國訓練，又需要多少錢才夠呢？

紀姊年輕時留美，對美國訓練環境比較熟悉，她透過美國田徑名將、奧運一百公尺及跳遠金牌得主劉易士的經紀人安排，讓我得以加入他們的訓練俱樂部。赴美受訓期間，可免繳會費與教練費，只需自籌在當地的生活費與學費。

能得到這樣的機會，一開始當然是很高興與期待的；但進一步評估，即使有優惠減免，這筆生活費還是不少，我哪來那麼多錢呢？

這時楊媽輝老師又站出來對我說：「許績勝你不用怕，錢不是問題，我可以無息借給你，之後有能力再還就好。」

很感動有老師的支持，雖然還不知道未來該怎麼報答與回饋，但那時也只能走一步算一步，在這階段抓住機會，盡力提升自己的能力，或許就是對老師最好的回報。

本來都已經下定決心要去美國了，後來卻因為一些不明因素，這個計畫暫緩，未能成行。幸運的是，沒隔多久，日本方面傳來消息，名古屋商科大學有意來臺招募長跑專長的留學生，希望透過田徑協會推薦合適人選。

學校開出的條件是：訓練相關的吃、穿、住及學費皆全額補助，外加一個月四萬日圓的生活費，還有每年提供日本—臺灣來回機票。

日本方提出這樣的方案，相較於美國更為優渥。而且在徑賽領域中，美國強項是短距離衝刺，馬拉松則屬於長距離項目，在這個項目上，日本選手於國際賽場的表現優於美國。那個時期，日本名將瀨古利彥在多場世界級馬拉松賽拿下冠軍。

將這兩個方案放在天平的兩端評估，一邊是必須借錢才能前往的美國，一邊則是提供全額獎學金、補助生活費的日本；再加上日本相較於美國有更豐富的長跑文化與傳統，答案似乎很明顯了。唯一的考量是紀姊很照顧我，也花了時間為我安排美國的訓練計畫，我是否該選擇她為我鋪設的美國路，才不會辜負她的心血呢？

多方考量後，在過去也曾留日的陳定雄老師建議下，我最終選擇赴日留學。我相信，紀姊應該能理解我的選擇。

就這樣，當時的我一心一意想出國挑戰，即使連日文五十音都不會唸，仍獲田徑協會推薦，順利取得赴日深造的獎學金名額，踏上留學日本之路。

事後回想，真的得感謝老天爺的安排，若當時沒有名商大這個天外飛來的新機會，我也許就真的負債前往美國，之後是否能創下全國紀錄、突破自己，實在很難說。

——不怕苦、不怕難、不怕死

一九八八年三月二十六日，第十六屆世界越野錦標賽在紐西蘭奧克蘭舉行，共有來自四十一國四百四十一位選手參加。我再一次代表中華臺北參賽。

比完賽後，我沒有隨隊回臺，而是直接飛往日本。時任田徑協會總幹事的紀姊親自帶我前往名古屋商科大學，把我交給野崎哲郎教練。

剛到日本時，學校讓我自己選擇，要跟留學生或日本本地學生住。儘管那時日文很差，連五十音都背不完整，但為了更能融入當地生活，進而獲得更多支援與資源，即使初期肯定很辛苦，我還是選擇與日本隊友同住。

回想在臺灣出發之前，身邊大部分同期運動員，都覺得待在國內穩穩地參加比賽就好，沒人想出國訓練，只有我傻傻地主動爭取，脫離舒適圈，出去找罪受。但當時就是渴望挑戰與突破，想盡辦法希望自己能再進步。

另外有一些人則是抱著看笑話或酸葡萄的心態，認為我連五十音都不會，大概去兩個月就會受不了而打退堂鼓。也有人善意地建議，覺得我應該先把日語學好再去。但當時我心裡的想法是，以名字中有個「勝」字來期許自己，年輕沒什麼好怕的，無論如何，一定能戰「勝」所有困難。畢竟若是什麼事都百分之百準備好才去做，可能也會錯失最好的機會。

就如從小看到大、在金門縣立體育場外的標語——不怕苦、不怕難、不怕死。這是我內心的座右銘與精神支柱，也是一股支撐我不斷向前的力量。

——團隊生活扎根，跑步與日語齊飛

學校租了一棟典型的日式民宅作為接力隊（Ekiden Team）的宿舍，共可居住十二人。

一樓有廚房、客廳、臥室，二樓則有三間房，我和學長吉岡明彥同住一間。學長當時被教練交代一個額外的特別任務，就是每天要陪我用日語聊天一小時。

當時我人生地不熟，還好有吉岡學長的幫忙，引領我的日常，耐心地教我日文，路跑訓練時也會帶著我，避免我迷路。

整個團隊共同生活，互相照顧，隊友間凝聚力極佳。平時大家會一同準備餐食，學長擔任主廚，學弟們幫忙分擔其他各項廚務。

教練沒跟我們一起住，而是住在附近豐田市自己的房子裡。

名古屋商科大學位於豐田市與名古屋市之間，一、二年級時居住的宿舍離學校比較近，平常會直接跑步去學校；三、四年級搬到比較遠的宿舍後，就得改搭公車或騎腳踏車去。

校內運動團體除了接力隊，還有棒球隊，臺灣旅日棒球兄弟檔好手陳大豐、陳大順，當時也在名商大就讀。兩人後來都進入日本職棒，陳大豐更曾獲得中央聯盟全壘打與打點雙冠王。

至於接力隊隊員的組成，教練會去招募。他會觀看高中的比賽，若有看上的選手，便主動聯繫家長，說明入學條件、訓練計畫等，遊說家長讓學生入讀名商大。因此，隊友大都在國高中時就有長跑訓練的基礎，不太會有一般生因興趣而加入，畢竟實力差距頗大。當時會從臺灣招募我過去，自然是希望我成為隊上表現最好的一員，帶動整體成績提升。我一直認為自己不只代表「許績勝」這個人，而是代表整個臺灣。未來是否還有臺灣選手能有同樣的機會，就看我的表現；所幸後來沒讓學校失望。

在我之後幾年，學校除了臺灣選手，也曾招募過中國大陸的選手，但表現都不如預期，最終也慢慢回歸以日本本土選手為主。

——從晨操到晚餐的訓練日常

每天早上六點準時開始晨操，冬季這時間天色仍暗，教練會開車來，利用車燈照亮馬路，我們就沿著宿舍附近的馬路跑，每次十二至十六公里不等。練習後會盥洗，然後用餐，再去學校上課。

學校的課，則盡可能選在下午三點半以前結束，隊伍團練會在這時候開始，地點則在學校的田徑場。

田徑場是全長四百公尺的標準跑道，表層並不是鋪設現今臺灣常見的聚氨酯（PU）塑膠顆粒，而是泥土與煤渣混合。也因此，我們經常需要在練習前先整理場地，拿大刷和耙子清除跑道上的異物；春天雨水多時，草長得快，還得先拔草。

不過當時覺得學校的訓練環境與氛圍很好，雖然一個人孤單在異鄉，但有教練、隊友相伴，加上吃、穿、住無虞，生活單純（就是訓練與上課）。相較於臺灣，日本這裡有實力相當的好手互相刺激，可以預見自己未來的跑步實力肯定能提升。

平日練習結束的時間大約在下午五至六點間；回去宿舍前，大夥會去超市採購食材，一起準備晚餐。我的廚藝不錯，這得歸功於小時候在金門常陪阿嬤煮飯，有機會就偷吃，看多了，自然也學了幾招。當我成為學長，開始負責掌廚時，隊友都很喜歡我做的菜。

準備晚餐也是訓練生活的一部分，印象中有個學長切高麗菜絲超級厲害，已經有餐廳師傅的水準，但他只會這一招，其他都不太行。

我那時很受歡迎的一道料理是八寶菜，說穿了其實就是混合許多食材一起煮，營養豐富，大家都愛；咖哩飯也是我的拿手料理之一。若輪到其他隊友下廚，他們喜歡做麻婆豆腐，因為簡單好處理。

日本因為長跑運動發展早，驛傳與路跑文化興盛，參與的人夠多。假日時，有很多地區舉辦的小比賽，教練常會安排我們去參加，既是訓練，也是累積實戰經驗，學習在賽場上應對各種情境。每次比賽都會穿上印有校名的戰袍，同時為學校宣傳。因此，我們每週固定的休息日，會安排在星期一。

名古屋商科大學願意提供獎學金、生活費招募我過去，目的非常明確：期待我的加入，能提升隊伍實力，並在大學驛傳接力賽獲得好成績，同時也藉這樣的機會宣傳，提升學校在媒體上的曝光度與大眾知名度。

所以我一入學就很清楚，個人成績的進步固然重要，但怎麼為學校宣傳及爭取曝光，以獲得最大效益，更是重點。

——驛傳初登場，開啟紀錄突破之路

名古屋商科大學並不屬於關東學生陸上競技連盟，所以無法參加著名的箱根驛傳接力賽；學校長跑隊的整體實力，無法和關東地區的箱根驛傳傳統名校相比。

我們學校每年最重要的賽事，是參加「全日本大學驛傳」。

全日本大學驛傳首屆於一九七〇年舉行，由日本學生陸上競技連合、朝日新聞社主辦；自一九八七年第十八回起，冠名為「秩父宮

秩父宮與體育王子

秩父宮為日本皇室的宮家之一。1922 年（大正 11 年） 6 月 25 日因大正天皇的第二皇子淳宮雍仁親王成年而設立。雍仁親王並無子嗣，於 1953 年（昭和 28 年）1 月 4 日逝世，親王妃勢津子則於 1995 年 8 月 25 日逝世，秩父宮自此斷絕。雍仁親王年輕時曾被稱為「體育王子」，擅長滑雪與橄欖球。

1940 年，日本東京與札幌分別取得夏季奧運與冬季奧運的主辦權，但因日本發動侵華戰爭，以及二戰爆發，主辦權最終遭國際奧會收回。而當時札幌之所以能取得冬季奧運主辦資格，與雍仁親王在當地推廣滑雪運動有很大關係。

在東京神宮外苑地區，還有一座秩父宮橄欖球場，加上全日本大學驛傳冠以「賜杯」之名，體育王子的影響力，在其逝世後仍持續著。

賜杯全日本大學驛傳」。

比賽起點設在名古屋市的熱田神宮，終點則在伊勢市的伊勢神宮，賽事為期一天，全長約一〇六．九公里。相較之下，箱根驛傳為兩日賽事，往復距離長達二一七．九公里。

剛入學第一年（一九八八年十一月），我就代表學校參加全日本大學驛傳，因實力狀況都不錯，被安排跑第一棒（第一區，一五．四公里）。

或許因為是外國人身分，轉播單位常在選手介紹時特別提及，這也有助提升學校的知名度。

第一年因生活還在適應中，又是第一次參加這樣的比賽，上場時非常緊張。我還記得，教練在賽前握著我的手對我說加油，那時我雙手都是冰的。最後只跑出分區第十一名的成績，雖不算太差，但自認沒有達到學校找我來所期待的標準。

1989 年臺北國際馬拉松取得佳績，興奮地在母親臉頰上印上一吻。

隔年二月，我在學期間返臺參加臺北國際馬拉松，以兩小時十七分十五秒拿下第二名，並首度打破馬拉松全國最佳成績（原紀錄為陳長明在一九八三年十二月二十五日於金山馬拉松所創下的兩小時十八分四十七秒）。

沒想到赴日訓練的成果這麼快就顯現出來，且進步幅度顯著。

1989 年臺北國際馬拉松

這次回臺是以 72 小時短暫停留的方式「快閃」參賽。因為我是金門人，當時服的是國民兵，依照規定，這趟回來若停留超過三天，就無法再出境回日本，必須先服滿兩年兵役。

賽前，有記者知道我回來參賽，也聽聞我在日本訓練狀況良好，想找我採訪，預測完賽成績。當時我確實有信心打破紀錄，但覺得若把這個願望說出口，可能會落空；可是不回答，又擔心失禮。所以一看到記者靠近，我就趕緊躲開，不讓他們有機會提問。

這場比賽，母親還特別從金門搭船到高雄，再轉搭夜車來到臺北為我加油。她在終點區等待，當我以第二名衝過終點線後，興奮地在她臉頰上印上一吻，開心地將這好成績獻給母親，在旁的記者也捕捉到這難得的畫面，隔天好幾家報紙都刊登了這張照片。

以前覺得自己根本不可能在公開場合做出這樣的舉動，但當時實在太開心了，有好成績，又見到好久不見的媽媽，情不自禁呀！

賽後，有人問我參加馬拉松的賽前飲食。我說，我大概起跑四小時前會吃早餐，那時吃的就是白吐司配蜂蜜水，方便準備，不需要烹調，不像現在有各式各樣的能量補給品可供選擇。

一九八九年三月，我在日本靜岡縣參加駿府半程馬拉松賽，以一小時零五分五十六秒獲得冠軍，創下個人半馬最佳成績，也是當時的全國紀錄。

這場比賽的冠軍獎品之一，是波士頓馬拉松的參賽資格，大會免費招待機票與食宿，於四月前往美國波士頓。很高興能有機會參加這項世界上歷史最悠久的馬拉松賽事，但教練特別提醒我，這路線起伏不好跑，尤其後段的心碎坡（Heart Break Hills）。於是出發前，我還特別加強訓練上坡、腿部肌力等。

可惜的是，或許因為時差與飲食調整不當，導致腸胃機能下降，加上過於求表現，我第一次在比賽過程中跑去上廁所，上完出來還感覺昏天暗地，最後僅以兩小時三十六分完賽。

雖然這場沒跑好，但來到日本這段時間，能明顯感覺到自己的進步。我覺得與臺灣最大的差別在於團體訓練的高度競爭性，有實力相當甚至更強的夥伴，練起來很帶勁，成績自然反映在完賽時間上。

升上大二（一九八九年），經過一年對生活、學校、訓練的適應，我更加融入團隊，不僅實力提升，身心狀況也調整得很好。

八月，我第二次獲選代表臺灣參加世界大學運動會馬拉松項目。上次入選是兩年前，那時仍在臺灣就學，而這次是赴日訓練後首度代表臺灣參加國際比賽。比賽在夏季的德國進行，最終我以接近全國紀錄的兩小時十七分二十八秒獲得第七名。

緊接著是九月二十三日在中京大學舉辦的記錄賽，也是全日本大學驛傳東海地區的選拔賽。旅外訓練的成效完全展現了出來，我在一萬公尺跑出二十九分四十八秒五的成績，打破當時的全國紀錄，也宣告我已準備好迎接每年十一月名商大最重要的一場賽事——全日本大學驛傳。

第二次代表學校參加這場接力賽，教練本想安排我跑最後一棒，因為距離最長，有一九．七公里，通常會安排長距離實力最好的選手來跑，讓隊伍整體成績能夠更快。但校方考量的則是媒體曝光度，當比賽進行到最後一棒時，排名通常大勢已定，不論我跑得多好，因名古屋商科大學並非前幾名熱門爭冠隊伍，這時要受到關注的機會較低，不如把我放到第一棒，身為外籍生的特殊身分，若起跑時能有亮眼開局，更有助於爭取媒體版面，提升學校能見度。

我就在背負學校長官的期待下，連續兩年擔任開路先鋒。一開賽就盡力地跑在前面，直到交棒前三公里處，我還在三人領先群中；這時其中一位發動攻勢、加速衝出，我跟另一位選手沒能果斷跟上，想提速追趕時，為時已晚，最終我以第二順位交棒。雖未拿下區間賞（頒給該屆該區跑最快的選手；區間新則指打破該區史上最快成績），仍為學校博得一些轉播畫面，讓觀眾注意到我這位代表名商大、來自臺灣的許選手。

這場賽事也讓我更有信心朝世界級選手的目標前進，跑贏身邊所有的日本對手只是其中一個過程。

——區間賞達成，挑戰亞洲與世界賽

大三那年，我對成績的想法就是要不斷進步，好還要更好。我並沒有滿足於去年在全日本大學驛傳拿下區間第二名的成績。當學校又決定由我擔任首棒、負責打頭陣時，我的目標就鎖定在拿下區間賞。

第二十二回全日本大學驛傳，於一九九〇年十一月四日開跑，第一區的距離是一四·六公里。這次跟前一年一樣，我一開始就跑在領先群，但在經過去年被拉開的最後三公里處時，我心想：從哪裡跌倒，就從哪裡討回來，這回換我搶先突圍。結果，變成別人來不及追上我。最後我以四十三分四十六秒首位交棒，如願拿下區間賞，學校則以總成績五小時四十一分四十四秒獲得第十二名，也是名古屋商科大學歷年參賽的最佳名次。能有這樣的表現，也不枉學校與教練一直以來對我的照顧與栽培。

回顧一九九〇年這一年，從大二升上大三，我的狀態真的很不錯。

三月，我到韓國首爾參加第二屆亞洲馬拉松錦標賽（Asian Marathon Championships），以兩小時十六分的成績獲得第四名，也打破自己前一年在臺北創下的全國紀錄。

九月，在中京大學的紀錄賽中，我將一萬公尺全國紀錄向前推進五秒，來到二十九分四十三秒一。

十月返臺，代表金門縣參加中華民國七十九年臺灣區運動會，拿下五千公尺金牌與三千公尺障礙賽銀牌。

十一月則在全日本大學驛傳拿下第一區的區間賞。

這樣的成果，正是當初我努力爭取出國訓練所想要的，一點也沒辜負當時協助我的許多貴人。

然而在這豐收的一年中，卻發生一件插曲，一個遺憾但無悔的選擇——我原本入選九月底北京亞洲運動會的代表隊，最後卻遭到除名。

那時在日本就學與訓練，正處於各方面能力都不斷提升的成長期；但亞運國家代表隊的規定比較嚴，希望入選選手都能到高雄左營國家訓練中心統一管理。而我認為自己之所以有目前的成績，就是因為在日本所接收到的訓練與競爭刺激。我當然希望能為國家效力，但若要在亞運會上有好成績，就應該留在日本備賽。

何況，夏季的高雄氣候悶熱，實在不適合進行高質量長跑訓練。於是我選擇不回來，但因不清楚代表隊請假的相關規定，結果就是被除名了。

雖然這段經歷讓我感覺委屈和難過，也錯過了這個與亞洲菁英同場較勁的機會，但我沒有因此被打倒，反而更加發憤練習，持續想辦法提升自己。

——傷後拚戰，跑出名商大與臺灣的名聲

升上大四，意味著我在名商大的校園生涯進入了最後一年。可惜的是，還在學期初的訓練期，就被診斷出疲勞性骨折。雖然自己感覺沒那麼嚴重，但教練下令要我休息；而我對教練是百分之百的信任，既然教練說不能練跑，我就聽話服從。

不過，想持續進步的心還是很強烈，於是我想出一個在不跑步的情況下，能夠折衷訓練的方式。

平常晨練後，我們會搭校車去學校，距離大約八公里。當時因傷被禁跑，但又想訓練，就去垃圾場撿來一輛還堪用的廢棄腳踏車，整修後開始使用，從此我不再搭校車，改騎這輛腳踏車。我會跟著校車一起出發，但不是悠閒地慢慢騎，而是跟校車司機拚速度，看誰先到學校。

下午練習時，因傷不能跟隊友一起跑，就同樣騎著這輛腳踏車，沿著田徑場外圍繞圈。為了增加強度，騎車時我會一手半壓剎車、雙腳用力踩踏；不知情的隊友遠遠看我可能會覺得奇怪，怎麼許績勝騎個腳踏車也能滿身大汗。殊不知，這是我變通的訓練法。當時只能靠這種方式，盡可能維持我的肌力與基本體能，安撫內心的焦急，等待傷好能跑的那一天到來。

我一直相信：三流選手，總是怨嘆環境；二流選手，懂得利用環境；一流選手，主動創造有利環境。一個月因傷無法練習，別人可能覺得我不行了、無法再回場上，但我可是忙著想各種辦法來增強自己，不會只是怨天尤人。

那段時間雖然練的量比較少，但我照常吃，並不擔心因此變胖，因為如果沒有足夠營養用來轉換成能量，就無法支撐長距離賽事的高強度訓練。

沒想到的是，那個月竟胖了將近十公斤。

就在這個時候，學校收到通知，我已達到臺灣選派參加世界大學運動會及世界田徑錦標賽的參賽標準。由於還在受傷休養期，教練不希望我參賽，想說服我向臺灣田徑協會說抱歉。但他不會中文，怕溝通上有誤會，還特別請日文老師來跟我溝通。我當時年輕氣盛，只要能代表國家出賽，就不想錯過任何一次為國爭光的機會，於是我堅持向教練爭取。或許是真的很想去，意外發現那天日語說得特別流利，與日文老師中日文夾雜地來回辯論，說話音量愈來愈大聲，幾乎要吵起來，只是為了請老師幫忙說服教練，同意我參賽。

或許教練感受到了我的決心，也重新評估了疲勞性骨折的傷勢，覺得可能沒想像中嚴重，終於開了綠燈，同意我可以開始訓練，準備這兩場大賽。

這份執著源於我從小在金門戰地長大的背景，一直秉持著「國家興亡，匹夫有責」的信念。既然成為國手，只要國家派我去比賽，就一定要全力以赴。

之前因養傷休跑而增加的十公斤體重，我只用了二十天就降下來。其中，前十天的過程，可稱得上是魔鬼訓練。我曾穿上多層衣褲，把全身包得密不透風去慢跑，如同技擊類型選手為了順利過磅參賽而激烈控制體重那樣地辛苦。馬拉松選手並沒有體重限制的規定，但當時必須快速調整至比賽狀態，身上少一公斤，比賽奔跑時就可少一公斤的負擔。馬拉松比賽距離長、時間久，每場動輒跑兩小時、四萬多步，累積下來可節省不少體力，所以即使減重再苦，我也都咬牙撐下去。

傷後復出的成績並不理想。八月在英國雪菲爾舉辦的世界大學運動會馬拉松項目，我只跑出兩小時二十三分五十秒的成績，獲得第十名。九月在日本東京的世界田徑錦標賽，更只跑出兩小時三十七分二十秒的成績，排在第三十二名。十月底返臺參加中華民國八十年臺灣區運動會，雖在一萬公尺項目拿下金牌，但成績是三十分五十四秒二，遠遜於之前的最佳成績。

十一月，來到每年學校最重要的賽事——第二十三回全日本大學驛傳。我連續第四年跑第一棒，雖沒能蟬聯區間賞，仍跑出位於領先群第五名交棒的成績，最終也帶領學校連續兩年拿下第十二名，且是首次擊敗同區的主要競爭對手——中京大學。

中京大學的驛傳隊曾在東海地區創下三十六連霸的紀錄，名商大一直以打敗中京大為目標。能在我就學期間，協助學校完成這項空前創舉，讓我覺得自己真沒愧對學校對我的照顧與栽培。

回顧大學四年，總共四次代表學校參加全日本大學驛傳，每次都擔任第一棒。第一年跑出區間第十一名的成績，第二年進步到區間第二名，第三年更拿下了區間賞，第四年則是區間第五名。還記得第一次參加接力賽時，跑在領先群中，加油民眾看到我身上的比賽服，因為不是傳統強校，還會好奇問說：「名商大是在哪裡呀？」後來幾年我仍被排在第一棒，但民眾開始會說：「名商大那位許選手又來了！」這也正是學校所期待的曝光度。

在名古屋商科大學的畢業典禮上，金門的父兄與紀姊專程從臺灣過來觀禮。從小父親就教導我不可忘本，因此當下我就在心中許諾——有朝一日，我一定要像紀姊一樣回到國內，奉獻自己所學，回饋社會。

5——持續進步，多次破全國紀錄

——團隊中的酵母，帶動整隊向上跑

出國之前，聽聞在日本學校校隊中，也有學長學弟制的文化。不過，我不太擔心，畢竟人與人相處，本來就應該多留意，多站在別人的立場想，知道什麼時該做什麼事，提醒自己「勤快」很重要。

畢竟我是從臺灣招募來的留學生，教練還是有特別交待隊友多協助我，加上我個性低調、服從配合，又懂得察言觀色，跑步實力也不差，不至於被人討厭或找麻煩。

雖然名古屋商科大學並不屬於日本長跑好手聚集的關東學連（關東學生陸上競技聯盟）箱根接力賽強校，但當時我沒想太多，只是很珍惜能到日本訓練的機會。我抱持的心態是——不管身在哪裡，只要能讓我成績進步，即使是在一間小學校也沒關係。我會把握自己能掌控的部分，即使在這裡沒有參加箱根驛傳的機會，關注度也可能少些，但也不須畫地自限。我相信自己並不比那些箱根驛傳參賽選手差，我一樣有機會練得比他們更強。

學校要參加全日本大學驛傳，必須先通過東海地區的選拔。在我入學之前，名商大成績並不理想，大都排在參賽學校的第十五至十八名。在我加入後，學校成績開始有顯著的提升。

日式的訓練，你不要看日本教練好像很嚴肅，高高在上，不苟言笑；其實他們私底下會要求選手對於每次的練習，要有自己的想法，將感受回饋給教練。他們認為，到達這個層級的選手，不能只是單純地跑步，必須將練習的過程與心境精準地表達出來，教練才能有所依據地為每個人做更精準的調整。尤其在長距離賽場上，你必須對自己的身體與外在環境充分了解，適當地做出應對。決勝的關鍵，有時不是比誰體力好或肌力強，而是臨場應變的心理素質。

現在回想，我的角色像是團隊中的酵母，加入酵母後，引起後續連鎖的發酵反應；因我練習非常認真，教練給我什麼指示都照做。隊友看我如此，曾忍不住問：「你是不是覺得練習很快樂？」我的答案是肯定的。

有時他們會聯合起來整我，輪流出來帶想把我弄爆，但我就是不服輸，經常還是能跑在他們前面。也因為這樣的良性刺激，所有人的實力都跟著向上。

——第一位外籍隊長，跑出凝聚的力量

四年級時，教練指派我擔任隊長，過往不曾讓外國人擔任這個角色。隊長是教練與隊員之間的溝通橋梁，通常會選實力好且負責任的人來擔任。

隊長的重要任務之一是想辦法凝聚團隊，讓隊友更願意投入練習。

本來我自己也懷疑，日本隊友會聽一個外國人指揮嗎？但想想，沒試怎麼知道？於是我就認真去做，結果如何，老天自有安排。

我自己是苦練過來的，很清楚大家在練習時的心理狀態。於是我擔任隊長時，會運用一些小技巧，來達成全體皆能順利完成訓練的結果。例如：教練開十二趟四百公尺的課表，規定大家要跑幾秒。練習時，我會告訴隊友，基本趟數八趟，每個人一定要跑到。至於接下來的第九至十二趟，只要其中有人能跑到比教練要求更快的秒速，這個人後面趟數就不用跑。當我啟動這個潛規則後，接下來的後半段，每趟都會有人為了超標減趟而衝出來；如此讓大家在練習收尾時，不是愈跑愈沒勁，而是態度積極。

有時則採用團體方式，比方說，大家前段整體速度都有達標，就全體少跑一趟，這樣會讓速度較慢的人更努力，為了不想成為害群之馬而多撐一下。

至於隊友少跑的趟數，我不會告訴教練；但我自己一定依照教練設定的秒數把所有趟數跑完。所以當教練問我課表有沒有跑完時，我都回答「有」，但真實狀況可能只有我跑了完整的趟數。

這樣做看似有點投機或偷懶，卻能有效帶起整個團隊的練習氛圍。畢竟，不是每個隊員都對練跑充滿熱情。偶爾玩點小遊戲，激勵大家完成大部分的訓練內容，可能比硬撐練到痛苦不堪、跑不到應有秒數、拖著歪斜的身體回來，還來得有幫助。

若隊伍外出跑長距離，身為隊長還得照顧到每位隊員，確保大家訓練安全。我的做法不是自己一個人很快地跑到終點等待隊友，也不是壓後陪著最慢的那位跑，這樣練習的量與強度會不足。我會先照自己的訓練配速跑，抵達後立刻緩跑

大學時期，與隊友一起做互助伸展操。

回頭找人，跟著最後一位再跑抵終點，以這種帶心又兼顧自己訓練的方式，去關心所有的隊友。

——不只跑得快，也學得比誰都用力

在學校課業方面，我記得剛到學校時，去見校長還需要翻譯人員幫忙溝通。但三個月後，我已經可以簡單應對。學語言這件事，真的就是要不要學、想不想學而已。

多聽、多說，是很重要的關鍵，若只是讀跟寫，很容易忘記。那段時間就是憑著一股不服輸與年輕人的元氣，我告訴自己，既然來了日本，就想辦法把日文學好。上課或生活中遇到聽不懂的內容，就請同學幫忙解惑。每次理解多一些，就能持續進步。

學日文除了生活溝通，還得面對校內考試。我的策略是，先想辦法把題目看懂，然後盡可能用日文把會表達的部分寫出來，不會的部分就用中文填，反正絕不留白。

這樣做一方面是尊重老師的出題，認真作答，另一方面也表現自己學習的態度。就這樣，幾次考試過去，答案卷上的內容，日文比例愈來愈高，學業也都順利通過（想當初在金門讀國中時還曾留級）。當時我從不認為學校是以跑步專長找我來，就可以不顧大學生原有的課業。

當然，教練也特別交代學長與隊友，每天要跟我用日語交談。那時候，筆、筆記本、字典，是我隨身攜帶的「三寶」。

還記得，為了精進語言能力，曾去垃圾堆撿人家不要的小學生漫畫來看，也因自學鬧過一些笑話。例如：日文中，「手紙」的意思是信件，我卻一度以為是上廁所使用的衛生紙。但也因為我如此努力地學日文，回臺後，我日語的聽說能力很好，檢定考都能拿到最高分。

——違規受罰之後，教練學會喝一杯快樂的酒

在日本，喝酒是日常生活的一部分，也是一種文化。但我的教練野崎哲郎先生從不喝酒。然而，大學生血氣方剛，教練又沒和我們一起住宿，多多少少會找機會喝一點。

我們那個年代流行Disco，有時隊友喝多了，嗨起來就開始唱歌跳舞，甚至偶爾會失控亂丟酒瓶，吵得鄰居不得安寧。房東就住在宿舍隔壁，他知道後就向教

練告狀，於是教練頒布了禁酒令，不准隊員在宿舍內喝酒。

但大學生哪會管你規定，多少還是會偷喝，只要不被發現就好。

我偶爾也會喝酒，但不喝悶酒，不喝不開心的酒；只喝喜酒、快樂的酒。

大四那年，是我們創隊以來首度在東海地區全日本大學驛傳選拔賽中，勝過同區三十六連霸的中京大學，全隊上下都無比興奮。這是教練多年來的心願，而那天又剛好是教練的生日，大家一同努力達成目標，慶功宴上每個人都很感動，還有一些人哭得淅瀝嘩啦！

回到宿舍後，隊友們仍然很亢奮，就問當時身為隊長的我，可不可以繼續喝？我想，大家努力了這麼久，才完成這件大事，值得慶祝呀！於是決定不管教練的宿舍禁酒令，還加碼拿出上次從臺灣回日本時，在機場買的一瓶XO，給大家助興。但一瓶哪夠呀！氣氛一起來，開始拚酒、大聲喧嘩，不意外地，當晚房東向教練告了狀。

隔天早上，教練找我跟副隊長過去，我心裡知道肯定是因為喝酒的事。抵達後，我們畢恭畢敬地站在研究室外面等著。教練一出來，二話不說就給我們兩人各一巴掌，我的眼鏡還直接被打飛了。

教練問：「昨天晚上是不是喝酒？」

我說：「是的。」

教練再問：「為什麼呢？」

我說：「因為大家很努力地通力合作，總算擊敗地區龍頭中京大學，在這樣的氛圍下，應該可以喝酒慶祝一下。一開始只是想喝完這瓶就好，但後來大家覺得不夠盡興又繼續喝；是我沒管好隊友，吵到鄰居。」

聽了我的解釋後，教練並沒有大發雷霆；觀察他的表情，應該是心裡雖不完

待我如子的嚴師野崎哲郎教練（右），為了維護紀律而處罰我，
卻也理解我想「偶爾喝杯快樂的酒」的心情。

全同意我的說法，但也能理解。

在學校的這些年，教練一直待我如子，這次他動手教訓我，是為了維護隊伍的紀律，我完全能理解，仍然很感謝他的教導與照顧。

這次事件之後，原本滴酒不沾的教練，日後在類似的歡慶場合，竟也開始象徵性地喝一杯啤酒。我想，或許這也代表他認同了我的解釋：偶爾可以喝杯快樂的酒，不要喝太多而影響到他人就好。

——黃金期不等人，選擇再拚一次的跑道

那個時代，即使在長跑文化盛行的日本，大眾對運動員仍有著頭腦簡單、四肢發達的刻板印象；但我認為不需要去辯解，直接以實際行動去挑戰這種偏見。

經過前兩年的適應，大三時，我的學業成績已經是全校第四十六名，排在前段，還登上學校公布欄的榮譽榜。大四畢業前，教授幫忙寫了推薦信，若要留下來繼續讀研究所也可以。

但當時我已經二十八歲，即使讀研究所仍有學籍，但因超齡無法再代表學校參加接力賽，如此就無法領取學校的獎助學金——包含學雜費減免、生活費補助等。這讓我不得不去思考與評估下一步該怎麼走。

雖然大學時期也曾想去打工，一方面可

打工與訓練的衝突

現今年輕一代的選手，在學期間經常半工半讀，有些可能是需要自籌學費，有些可能想多賺些生活費、零用錢；但不可忽視的是，對頂尖選手來說，若沒有足夠的休息與恢復時間，整體訓練效果勢必會大打折扣。

比賽的競爭不會因為你前一天打工、狀況不好，就能向裁判要求少跑一圈，或配速慢一秒。選手應該先思考：生活的基本需求是什麼？打工賺錢是為了維持基本生活，還是滿足更多的享樂？時間花在哪，成就出現在哪！若放不掉一些物質的欲望，一心想魚與熊掌兼得，很可能最後會落得兩頭空。這或許也是許多優秀運動員想邁向卓越，必須先克服的問題。

以多賺些生活費，另一方面也是想更快融入日本生活。不過教練認為我最重要的工作是好好跑步，希望我以訓練為主，我便打消了半工半讀的念頭。也因此，畢業時我身上沒有什麼積蓄，無法支持我在沒有獎助金的情況下繼續留在學校讀研究所並維持訓練。

仔細思考後，我覺得讀書即使年紀再大點都還能念，但跑步訓練的黃金期有時效性，錯過了，可能就很難再突破。於是我開始評估是否有機會加入日本實業團，這樣就能繼續訓練，再努力拚個兩年，看能否把成績再往前推進。

——做好自己，機會隨之而來

日本大學生長跑好手眾多，實業團相當於是職業跑者，名額有限，僧多粥少。

日本的驛傳

日本每年定期舉辦多場驛傳接力賽，包含新年驛傳——全日本實業團驛傳；大學生的三大驛傳——箱根驛傳、出雲驛傳、全日本學生驛傳；還有以全國都道府縣組隊的比賽，各棒身分包含中學生、大學生、社會人士；也有全國高中驛傳；除了男子競賽，女子也有全國都道府縣女子驛傳、全日本企業隊女子驛傳、全日本大學女子驛傳等。

以上這些驛傳接力賽，都有電視臺實況轉播，比賽過程會介紹各隊優秀選手的背景，因此能擴大隊伍的能見度，吸引許多學校或企業團體支持成立長跑隊。

其中，新年驛傳在每年元旦舉行。賽事始於 1957 年，起點和終點都設在群馬縣市政廳，來回分七個區間，共 100 公里。參賽隊伍得先通過全國各地區預賽，全國只有三十七支實業團隊伍可出賽。過去箱根驛傳時期的知名跑者，畢業後大多會加入實業團，橫跨多屆日本長跑健將齊聚，一拚高下，為自己所代表的企業努力。

實業團陸上部

- 旭化成是一家日本跨國化學工業公司，主要產品是化學品和材料科學。其陸上部早在 1946 年就成立，是歷史悠久的老字號實業團。
- 佐川急便陸上競技部則要到 1987 年才在九州成立，一開始只有一名教練與兩名選手；後來遷移到京都，在我大學畢業時是很年輕的實業團，公司主要營業項目是宅配物流。

身為一個臺灣人，要如何獲得企業青睞呢？

我的機會是這樣來的。

前面提過，在大二參加全日本大學驛傳時，我跑第一區，拿下區間第二名；隔年大三則拿下第一區的區間賞。大四時，教練在賽前決定繼續安排我跑第一區。

因為前一年拿下區間賞，那年在比賽籌備期，轉播團隊特別來學校採訪我，希望能熟悉各隊今年主將與狀況好的選手；訪問後會寫成相關報導，也當作電視轉播時的參考資料。

正式比賽當天，我在前段又處於領先群中，轉播單位介紹了這位是名古屋商科大學大四生——許績勝選手，去年的區間賞得主。雖然最後只拿下第五名，但已足以讓實業團旭化成與佐川急便陸上競技部的教練團注意到我。幾個月後，在我畢業離開學校前，佐川急便相關人員就直接到學校來找教練跟我談，邀請我加入他們。旭化成沒有直接來談，但有表達關注，老師打算主動把我推薦過去。

跟教練與身邊的親友討論後，考量佐川急便陸上競技部是較新的隊伍，選手間的競爭不若老字號長跑實業團旭化成激烈，應能獲得較多的訓練資源與出場機會。

那時，薪資待遇高低不是我最主要的考量，跑步環境能否讓我更進步才是最重要的。

於是，一九九二年，我選擇加入佐川急便陸上競技部。

——穩定就是最好的助跑器，成績在實業團開花

雖名為陸上競技部（田徑），但實業團最重要的比賽還是公路接力賽，也就是

每年一月一日、在箱根驛傳前一天舉辦的新年驛傳。這場轉播曝光度較高，相較之下，田徑場內的個人賽（如五千公尺、一萬公尺），公司就沒那麼重視。

長距離運動選手成熟期較長，有些選手在大學時的表現可能還不夠優異，要到實業團階段才開花結果。這類型的選手，若是在臺灣，畢業離開學校後，訓練資源與支援有限，成績要再進步就會很困難。

我很幸運，在日本畢業後就順利加入實業團。實業團中，一般日本選手的起薪待遇約為每月十八萬日圓，而當時公司是給我二十五萬日圓。這跟一般上班族比起來並不算特別優渥，但實業團對選手有許多生活補助，包含住宿（分為家庭、單身）、治療費、飲食、出場費、獎金等，整體待遇算是不錯。所以隊員們都很努力，希望至少能先拚個三至五年，盡力將成績再提升，爭取代表隊伍出賽，做出貢獻。

在加入佐川急便公司後的移訓中與隊員合影留念。

在實業團的生活裡，訓練是第一要務。

一場驛傳接力比賽需要十名選手，通常實業團的選手編制會落在十三至十八人，用以因應選手可能受傷或狀況不佳等突發情況。

我們的作息非常規律，一週七天，每天早上會先晨操，九點進公司上班到十二點，中午休息後繼續工作到下午三點半，接著就下班開始練習。

公司派給選手的工作內容很簡單，我當時負責整理資料，並將內容輸入到電腦系統中，再列印出來校對確認。這樣的工作不大需要動腦，且隨時可以暫停，任意找個人來接手也沒什麼問題，工作上並沒有什麼壓力。

我住在公司提供的單身宿舍；若是已婚選手，可以在外租屋，公司會提供租屋補貼。食衣住行各方面都有優惠或補助，對選手很照顧。也因為生活上無後顧之憂，更能專注在提升自己的訓練上。

我加入的佐川急便實業團，陸上競技部的據點在京都。過去公司未曾參加過新年驛傳，這是我們隊伍努力的方向。

除了接力賽，我們還會參加一些田徑對抗賽，例如京都市田徑對抗賽、關西實業團田徑對抗賽等，我的五千公尺、一萬公尺成績，在進入實業團後，很快就有所突破（五千公尺破PB，十四分二十六秒一；一萬公尺則再次打破全國紀錄，二十九分四十一秒一）。

一九九二年六月六日，剛加入實業團沒多久，我就接獲田協徵召，代表國家去參加俄羅斯莫斯科馬拉松，以兩小時十九分三十二秒，拿下我第二場國際賽馬拉松冠軍（第一場是一九九二年一月的菲律賓馬尼拉國際馬拉松）。十一月則代表公司參加關西實業團體對抗公路接力賽，擔任第一區跑者（一二．一公里），跑出區間第八名的成績。可惜當時公司還是沒能取得出賽新年驛傳的資格。

一九九三年二月，我首次參加別府大分國際馬拉松，以兩小時十七分三十二秒獲得第十四名；接著在三月份全日本實業團體半程馬拉松賽，以一小時零四分零五秒再次打破半馬全國紀錄。同年八月到德國參加世界田徑錦標賽，是我第三次參加世錦賽馬拉松；十月則回臺參加民國八十二年臺灣區運動會，在五千公尺及一萬公尺項目都獲得金牌。十一月初參加關西實業團體對抗公路接力賽，這也是新年驛傳的預選賽，我擔任第五區跑者，公司拿到第二名，總算首次獲得新年驛傳的參賽權。

十一月二十三日，我在日本中央大學記錄賽的一萬公尺項目，更是以二十九分十二秒一的成績，第四次打破萬米全國紀錄。

在實業團的經營上，公司常會拿出一些錢，跟地方政府合作，一起建立訓練基地，每年在那裡訓練與交流，我覺得這是很棒的共好模式。

我在一九九二年加入佐川急便時，隊中實力最好的選手是大家正喜，他在一九九一年檀香山馬拉松獲得第三名，一九九二、一九九三年更在東京接連兩次打破日本半程馬拉松的全國紀錄。對我來說，他不僅是競爭對手，也是共同訓練的好夥伴。

一九九三年十一月，佐川急便在關西實業團驛傳拿到第二名，終於第一次取得隔年全國實業團驛傳（新年驛傳）的參賽權。一九九四年一月一日首度出賽新年驛傳，我擔任第四區跑者（一〇・三公里），以三十分三十九秒整的成績，在區間排第十一名，最後團隊排在中上的第十四位。

才加入實業團一年多，除了馬拉松，我的各項成績又向前晉升了一個層次，這應歸功於實業團提供了更多、更完整的資源，以及有旗鼓相當的隊友互相刺激成長。

——實業團＋國家隊兩頭燒，三破馬拉松全國紀錄

這段時間參與的比賽也多，在簽約時我跟公司有約定，賽事若在日本境內舉行，我代表公司出賽；但若是以國家為單位報名的國際性比賽，我則代表中華民國。

一九九四年上半年，我接連參加了東京城市國際半程馬拉松、別府大分國際馬拉松、全日本實業團體半程馬拉松、兵庫縣春期田徑巡迴賽、廣島織田紀念田徑賽、水戶國際陸上大會、中正盃國際田徑邀請賽（臺灣）。或許心態上太想再突破，自覺在練習時都很認真扎實，但失去了平常心，比賽時總是無法完全發揮，各項成績都未能再向前。

同年十月，我參加了第十二屆廣島亞洲運動會馬拉松，以兩小時二十二分

二十秒獲得第七名。雖然在之後的中華民國八十三年臺灣區運動會完成五千公尺及一萬公尺連霸，但兩項成績都沒有前一年好。

時間來到一九九五年，那年一月沒有參加新年驛傳，二月則是我第三次（也是連續第三年）跑別府大分國際馬拉松。沒料到的是，我竟跑出兩小時十四分三十五秒的佳績，總排第六名，並打破五年前創下的兩小時十六分馬拉松全國紀錄，也是我在這個項目第三次刷新全國紀錄。

那時賽前的練習一如往常，我的訓練夥伴就是我們的隊長大家正喜，他的馬拉松個人最佳成績在兩小時十分內。這場比賽我們一起出賽，我因為之前一些比賽都沒能突破，心想不如放鬆心情，當作平時跟隊長一起訓練，比賽當天就跟著他一起在賽道上努力！

起跑前熱身時，竟然飄雪了，來自亞熱帶臺灣的我，有點擔心無法適應這樣

加入佐川急便實業團，讓我的各項成績都有了大幅提升。

的溫度。不過我立刻調整心態，告訴自己：無論天氣如何，每個人都同樣得去面對，別想太多，有一個實力相當的跑者，就盡全力跟上去吧！

一路來到三十公里，看到當時的馬拉松世界紀錄保持人坐在路邊棄賽，心想：我這場已經跑贏世界冠軍了呀！這像是支打進我體內的強心針，我沒有去看手錶目前花了多少時間，只專注在每五公里的完成時間上，不知不覺就跟到了四十公里，剩下兩公里多就能抵達終點。我檢視了一下自己的狀況，決定將剩餘的能量 all in，全速開到底，沒想到真的就這樣破了停滯多年的全國紀錄。

我自己是覺得這次破馬拉松全國紀錄來得有點晚，畢竟這些年五千公尺與一萬公尺都有大幅進步，沒道理馬拉松不能再向前推進。但馬拉松比賽因為距離長，受地形與氣候影響較大，變數也較多，空有實力不代表就能跑出相應的成績。這場比賽的突破，或許就是因為我保持平常心，回歸基本功，不去想太多，做好自己該做的，成績也就自然地呈現了出來。

6——為夢想全力奔跑

——前進奧運的資格挑戰

一九九六年亞特蘭大奧運的馬拉松項目，國際田徑總會訂出A標兩小時十六分、B標兩小時二十五分的參賽資格。

中華民國田徑協會據傳是以當時的全國紀錄作為選拔標準，我的兩小時十四分三十五秒成績雖已達奧運A標，但協會並沒有主動且明確地告知會派我去奧運；我自己心裡則是想，若能再有一場跑進兩小時十五分，奧運參賽資格應該就十拿九穩了。

不過，回想起一九九〇年北京亞洲運動會入選代表隊令人失望的經驗，心中仍有遺憾。那時想留在日本訓練，並沒有向學校請假回臺集訓，也不清楚國家隊請假的相關規定，後來竟被取消資格。當下只能接受，但內心始終難以服氣。

所以我沒自滿於別府大分馬拉松打破全國紀錄的成績，仍持續努力，希望能把自己的馬拉松成績推進到兩小時十分內，這樣甚至有機會在奧運奪牌。

可惜接下來的比賽都未能再突破，而田徑協會或國家隊對於是否會派馬拉松選手出征奧運，遲遲無法明確答覆。

——高雄國際馬拉松與區運雙料冠軍

時間來到一九九五年十月，這一年的臺灣區運動會馬拉松賽事，決定和慶豐高雄國際馬拉松同時同地舉辦。

過去區運馬拉松多與區運場地賽五千公尺、一萬公尺同一週進行，通常我會捨棄馬拉松，專注在場地賽。但這次因馬拉松與高雄國際馬拉松二合一舉辦，與田徑場地賽相隔達兩週，評估恢復時間應該足夠，便決定也報名馬拉松。

臺灣自民國七十五年以來，曾在北部辦過五屆國際馬拉松，國內選手獲得最好的成績是在民國七十八年由我創下的總排第二名紀錄。

這次在中斷三年後恢復舉辦，且首次移師高雄，有來自十四國、四十四位外籍好手，加上國內各縣市的區運會代表，競爭激烈。

十月的高雄，氣溫仍高，賽道經過澄清湖，路線彎曲、岔路多，還有坡度起伏，但也因此給了較熟悉場地的國內選手地利上的優勢。

比賽在上午六點起跑，當時溫度是二十六度，溼度則為八二%。

從中山體育場出發，經過中山一路，轉中正三路、中正二路、中正一路，進入澄清路，並於圓山飯店前的大碑路轉入澄清湖、環湘路，再往仁武方向接仁雄路，至折返點後繞回，最後回到中山體育場。這路線在接近折返點處，是段上坡；

澄清湖賽段則樹木林立，風景優美，是一大特色，賽前大會有安排國內外菁英選手搭車實地場勘。

長年在日本訓練與比賽，沒有多少時間能返鄉（金門）探親；這次回臺比賽，父親與哥哥乾脆從金門趕來高雄幫我加油，也因有親人的支持，讓我跑起來更有力氣。

當年的補給就是稀釋的運動飲料（三分之二的運動飲料加三分之一的礦泉水），沒有能量膠，也沒有什麼特調祕方；但我對於賽前三天的飲食很注重，不攝取刺激性食品，生活作息正常，以保持身心最佳狀況。

在這樣天時、地利、人和的情況下，即使有多位外籍高手競爭，但我賽前自覺狀況好，同時也想打臉一些人總是說臺灣的國際馬拉松賽是為外國人辦的，獎金都被他們拿走。我下定決心要把冠軍獎盃留在臺灣，尤其父兄都遠道而來在終點等我，真是拚了命也要做到。

前段採用比較保守的策略，緊跟外籍選手組成的十餘人領先集團，伺機而動。順利通過折返點後，進入澄清湖段賽道，至三十公里處，發現外國選手可能受到高雄炎熱天氣影響，配速明顯偏慢，這時對自己奪冠的信心大增；在三十二公里處，決定加速超前，逐漸甩開其他選手，僅剩巴西的帕考、義大利的夫蘭迪爾等少數選手還能跟上我。

進入四十公里、只剩最後兩公里時，雖然仍跑在前頭，但心理壓力巨大。幸好道路兩旁的觀眾熱情加油，不斷支撐我前進，加強我戰鬥到底的決心，激發最後階段單飛的意志力。我再次提速，將差距拉大，就此奠定勝基；通過終點後，我和父親擁抱，眼眶夾雜著汗水與淚水。

我以兩小時二十分零七秒的成績拿下冠軍，領先第二名三十四秒，不僅首度

拚了命也要做到，把冠軍獎盃留在臺灣。

為臺灣贏得國際馬拉松冠軍，也是我首度拿到區運會馬拉松金牌。

這場國際賽冠軍獎金有一．五萬美金，區運金牌則是喜美轎車一輛，外加代表縣市頒發的獎金，真是大豐收。

雖然這場成績不如二月所創下的全國紀錄兩小時十四分三十五秒，但仍達到了當時的奧運B標。不過，關於一九九六年亞特蘭大奧運是否能夠參賽，國內相關位對參賽門檻的標準始終未能明確說明，讓我有點無所適從。

早在出賽前，就有相關人士透露，國內田協自訂的奧運參賽標準是上屆亞運會第三名的成績（兩小時十三分十二秒），必須達到這個成績，才會選派前往奧運。面對幾種不同說法，不知道自己到底能否出賽奧運，心裡充滿疑惑與無力感，此時只能做好自己能掌握的部分，先在家鄉比賽跑出好成績，其他再說。

——自我推薦，爭取奧運出賽

為了爭取第一次參加奧運的機會，我決定主動出擊，在九月三十日向田徑協會寄出一封自我推薦信：

炎熱的天氣漸漸遠離，轉而進入秋高氣爽的比賽季節，在此祈願萬事順利。

一九八五年是晚生首次嘗試馬拉松的年頭（金山馬拉松），轉眼之間，已經過了十一年之久的田徑生涯。在這段期間，非常榮幸被祖國選派前往各地，參加國際性的大小比賽，共達三十餘次，無論在哪一方面（馬拉松賽或場內賽或越野賽或各地的民情習俗或歷史文化等），都讓晚生見識了，也從中學習與獲得了更多的寶貴參賽經驗，在此深表感激。

在這不是很長，亦不算短的馬拉松生涯裡，自己由師長們的指導與自我摸索，進而轉向國外（日本）追求自我再突破，一心想躋身世界一流，在各界有心人士的大力支持與庇佑下，成績亦隨著大家的關懷逐漸有顯著的進步（如一萬公尺由三十二分左右進步到二十九分十二秒一，一九九三年十一月二十八日的成績），馬拉松則由兩小時二十八分五十五秒（一九八五年三月三日金山馬拉松），進步到兩小時十四分三十五秒。

今天能夠達到現有的成績水準，全是國內外各界有心人士全力支持、栽培與愛顧，所凝結的成果，在此由衷感謝。

但是，這並不是晚生追求更快更好的最終目標。自省體（現今的國立體專）畢業後，很慶幸受到日本名古屋商科大學提供獎學金與生活費等優惠條件，獨自前往日本求發展，四年中依然代表我國參加世界性的大比賽（如附表一）。四年

1988 年 9 月	全日本大學生公路接力 預選賽 10,000 公尺	冠軍	29'43"5 （破全國）
1989 年 3 月	臺北國際馬拉松	第 2 名	2:17:15 （破全國）
1989 年 8 月	世界大學運動會馬拉松	第 7 名	2:17:29
1989 年 11 月	全日本大學公路接力賽 （第一區，15.1 公里）	第 2 名	44'58
1990 年 3 月	漢城第二屆亞洲杯馬拉松	第 4 名	2:16:00 （破全國）
1990 年 11 月	全日本大學生公路接力賽 （第一區，15.1 公里）	冠軍	43'46
1991 年 8 月	世界大學運動會馬拉松	第 10 名	2:23:50
1992 年 1 月	菲律賓國際馬拉松	冠軍	2:24:17

附表一

後大學畢業，面臨升學、就業與馬拉松三項衝突的情況下，考慮甚久，在無持續經濟援助而又繼續追求突破的心境下，選擇了馬拉松不中斷、就業籌學費的途徑，進入了現職的佐川急便公司，接受更高層次的訓練，在這期間亦代表我國參加各世界大賽（如附表二）。

無論在學校或是在公司，都受到相當好的關照與栽培，尤其是公司，不管是董事長或是田徑隊監督等，多次關懷與約談，一致表示，在日本的小比賽代表公司，而在世界性的大比賽中，我則代表中華民國出賽，這都沒有問題。就近，明年的亞特蘭大奧運，極希望且一再表示：只要我國准許同意選派晚生前往參賽，公司在各方面（訓練計畫、經費，甚至易地到第三國做高地訓練等），都樂意全力配合，以期在奧運中能有奪牌的希望。對公司的盛情，甚表感謝。

同時在此向中華民國的各位選訓委員、田徑協會、全國體育總會、奧林匹克

1992 年 6 月	莫斯科國際馬拉松賽	冠軍	2:19:31
1992 年 5 月	關西實業團田徑賽 10,000 公尺	第 10 名	29'41"1 （破全國）
1992 年 5 月	京都社會人田徑賽 5,000 公尺	冠軍	14'24"1
1993 年 11 月	東京群馬縣中大紀錄賽 10,000 公尺	第 4 名	29'12'1 （破全國）
1993 年 2 月	日本別府大分國際馬拉松	第 14 名	2:17:52
1994 年 2 月	日本別府大分國際馬拉松	第 16 名	2:18:58
1994 年 10 月	日本廣島亞運馬拉松	第 7 名	2:22:20
1995 年 2 月	日本別府大分國際馬拉松	第 6 名	2:14:35 （破全國）

附表二

委員會等各上級有關機關請示，在自己的馬拉松成績（兩小時十四分三十五秒）達到世界田徑總會所訂的A級參賽標準（據田徑協會簡副祕書長坤鐘先生表示），且只要國家許可的情況下，公司將全力配合促成，因此，在此由衷向祖國懇請，敬請賜於晚生這個為國家盡一己之力的機會，晚生一定竭盡全力為祖國效力，以求更快更好、盡善盡美的最高表現。

這是我在十月高雄國際馬拉松賽之前，給田徑協會的手寫自薦信，希望能爭取前往奧運參賽的機會。後來順利拿到這場賽事的優勝，十二月中也收到田徑協會的回信，告知體總同意以IAAF認定之奧運馬拉松參賽A標為選拔標準，我在二月跑出兩小時十四分三十五秒成績已達標，確定可以參加奧運會。

隔年四月二十四日，中華奧會正式發文給佐川急便公司，告知公司我已入選亞特蘭大奧運中華臺北代表隊。

記得在高雄國際馬拉松賽後，曾有位記者給我十個提問，但我一直到確定能前往奧運時，才寫下了對應的回覆：

一九九五年十月十七日提問	一九九六年五月十五日答覆
到日本最大收穫為何？	成績的突破，肯定自我，學會日語。
到日本學到了什麼？與出國前有何不同？	練跑的心得。選手的心態、教練的指導方針、企業的支持、全民的參與。
最大的成就感是什麼？	不失為做人的根本。
最感謝的人是誰？為什麼？	雙親，生我、養我、育我、教我者也。
到日本失落了些什麼？	沒有。
目前最大的理想、目標是什麼？如何才能達到？	在奧運有所為。平心進取，加倍努力。

失意、失落的時候如何度過？	獨自靜思，與自我對談，放縱自己一下下。
精神食糧為何？	家族，全國所有關愛我、嘲諷我的人士。
打算何時回國？鋪未來的路？	也許明年、大後年。早就在開拓鋪設中。
工作還能勝任愉快嗎？過得快不快樂、好不好？	工作如意，有種全世界上唯我最幸福之感。

確定入選奧運代表隊之後，我也寫信向紀姊報喜，並感謝她一直以來的協助與關懷。紀姊也很快地回信給我。

績勝：

今天早上到辦公室，收到你自京都寄來的厚重信件，急忙打開，滿心喜悅地讀完信。首先恭喜你當選奧運代表，做為一個運動員最崇高的榮譽，就是能代表國家參加奧運，當然緊跟著這個榮譽的，就是積極努力訓練，以祈能為自己也為國爭光。

我從沒有在數算歲月，所以當看到你到日本已經八年時，真心嚇一跳。好像只是沒多久前的事，我陪著你搭機到名古屋，心中的感覺就像是把自己的小孩送到國外，交給別人來培教，然後去參加你的畢業典禮。你是我很尊敬的選手，稱得上是文武雙全、術德兼修。目前在臺灣的體育界，能有如此高貴品質的人，實有如鳳毛麟角。這不是無由的亂誇，而是由衷的讚美，你就是高貴金門人的最佳代表。

謝謝你讓我分享你的喜悅，陳老師由於NSA新公司的業務拓展，忙得連牙疼都無暇看醫生，他一星期僅有三天在臺北，我會代轉你對他的問候。

祝你

健康快樂成功

紀姊

一九九六、六、五

——一團兩將，難得一遇的奧運榮光

一九九六年，我三十二歲，正值馬拉松選手的生涯顛峰期；接下來的目標，是看能不能突破兩小時十分大關，以及想在奧運會上跑出好成績。

無獨有偶，我們佐川急便陸上競技部的隊長大家正喜（Masaki Oya），也在一九九五年福岡國際馬拉松比賽中，以不到兩小時十分的成績獲得第三名，成為

飛脚号外 1997 .3 .17

大家選手、オリンピック出場決定!!

許選手とともに、佐川急便から2名出場

左から、大家選手と許選手。

佐川急便グループ陸上競技部の大家正喜選手が、今夏開催される第２６回アトランタオリンピック（７月１９日～８月４日）の男子マラソン日本代表に選ばれました。これですでに台湾代表が決定している許績勝選手とともに、佐川急便から２名がアトランタの大舞台にのぞみます。

大家選手は昨年１２月３日の五輪選考会を兼ねた第４９回福岡国際マラソンで、日本人選手としては４年１０ヵ月ぶりに２時間１０分を切る２時間９分３３秒で３位入賞し、一躍代表候補に名乗りを上げていました。正式に日本代表に決まった大家選手は、４月中に渡米して大会コースを試走したあと、本番（８月４日）に向けて最後の調整に入ります。

オリンピック代表という輝かしい名誉を得た、わたしたち佐川急便の仲間である大家選手そして許選手を、全員でバックアップし、応援していきましょう。

我與隊長大家正喜（左），攜手踏上奧運殿堂。

亞特蘭大奧運馬拉松日本國家隊的一員。

這是佐川急便陸上競技部第一次有選手參加奧運，而且一次就是兩位——我代表中華臺北，大家正喜代表日本。這在日本實業團歷史上，是不得了的成就，沒有幾個實業團曾經做到。

公司內部從上到下都極為興奮，而這效益也外溢到公司的業績上。公司的營業項目中，貨運、印刷、旅遊等，都與顧客有直接的接觸，日本民眾很崇拜馬拉松選手，這讓司機與顧客有更多的話題。據說那段時間要寄東

佐川急便締造奧運雙人參賽奇蹟

奧運馬拉松項目，一個國家最多僅能派三位選手出賽。同一實業團中，若要有超過一位選手取得日本國內的奧運馬拉松參賽資格，幾乎是不可能的任務。

而佐川急便陸上競技部在 1996 年亞特蘭大奧運馬拉松項目中，同時有大家正喜與許績勝參賽，實屬極為難得的紀錄。此後，直到相隔十六年的 2012 年倫敦奧運，才再有隊員山本亮獲選日本奧運馬拉松代表隊。

西，很多人會自然地選擇佐川急便的服務，藉以表示對公司培養出兩位奧運馬拉松選手的支持，營業額也因此成長許多。

——初次進入奧運殿堂的興奮與適應

一九八八年的漢城奧運，我本來是有機會參加的。當時奧運選手總額限制沒有那麼嚴格，也還沒有A、B標的參賽標準，只要田徑協會願意推薦（當然成績不能離世界水準太遠），都有機會獲得參賽資格。但因剛去日本，各方面都還在適應，也覺得還沒準備好，就沒有特別去詢問與積極爭取，最後當然就錯過了機會。

一九九二年的巴塞隆納奧運，世界田徑協會開始訂有奧運參賽的A、B標，但那年成績沒有達到國內訂的參賽標準（要接近或打破全國紀錄），自然就無緣

錯過兩屆之後，我終於走進奧運開幕式。

參與。（那一屆田徑項目男子組最後因國內沒有選手達標，理論上應可推薦一人以外卡身分參加一百公尺或馬拉松，但或許評估無得牌機會，最終並未選派，後來田徑隊只有女子組王惠珍與馬君萍以達標成績前往參賽。）

一九九六年的亞特蘭大奧運，我在前一年跑出兩小時十四分三十五秒的成績，打破全國紀錄，達到奧運馬拉松A標，總算擠入奧運這道窄門，踏上運動員夢寐以求的最高殿堂。

為了適應與調整，我在奧運開幕前就抵達美國亞特蘭大市，但馬拉松比賽是在奧運最後一天舉行，有十多天的時間可以場勘、調整與適應。

住在選手村的這些日子，心情既新奇又興奮。參加開幕式，即將登上運動員最高殿堂，都是人生第一次的體驗。在奧運村裡，經常能見到各國頂尖選手，但我比較自戀，不會主動去找他們簽名拍照，心中想的是：我也不差呀！

為了保留體力，維持最佳狀況，除了吃飯及訓練，我幾乎不出門，大都待在房間看比賽轉播，不想浪費一丁點能量。我這趟來，可不只是上場比賽而已，還期待能爆冷門站上頒獎臺。

——最後備戰訓練的插曲

沒想到，有一天練習時發生了一段插曲，讓我事後覺得有些可惜，也有些遺憾。

一九九五年打破全國紀錄後，我心想，一九九六年奧運期間，天氣應該會很炎熱；而曾在臺灣讀書與生活的我，相較於日本與歐美選手，應該更能適應高溫環境，如果更加努力一些，或許有拿牌的機會。

從確定奧運參賽到出發的這段時間，我練得很勤，賽前的狀況也自覺不錯。

入住選手村後，有一項很重要的訓練，是賽前最後一次三十公里長距離跑。那天我請代表隊一位職員幫忙遞水，所有相關補給也都事先準備好了，他只需要騎腳踏車跟著，在我伸手示意時把水送上即可。

但在約定的當天早上，我等了三十分鐘還等不到人，心情開始有點不愉快，抱怨為什麼人還沒出現。時間到了，排定練習的課表還是得跑，我只好把準備好的補給品直接放在選手村門口，一個人獨自出發。

跑了一段路後，隱約感覺後面有人騎單車跟著，用餘光看，發現是那位遲到的職員。當時還處在負面情緒上，就想使壞給他點教訓；剛好碰上一段長上坡，我刻意加速，不讓他跟上，就這樣一路賭氣跑著，不讓他有機會追上我，直到跑回起跑點。

那天練習感覺狀況很不錯，但三十公里訓練，若補水不足，身體機能可能會受損，導致恢復變慢，狀態就會下滑。這是我當下年輕氣盛而忽略的可能風險。反倒是該職員回到中華隊團本部後，向團隊回報許績勝的狀況很好，騎單車都跟不上。殊不知，我可能已經因為這次的練習安排失當，讓身體狀況開始走下坡。

——家人的支持與夢想的圓滿

我跑步跑了十七年，當中有十六年家裡都反對我走這條路。直到我跑進亞特蘭大奧運，成為奧運選手，才終於翻轉了局面——從反對變成認同與支持。我一直很努力成長，是真心喜歡跑步，也想證明我能以跑步闖出一片天。如今總算堅持到這一刻，家人不再反對我走專業跑者這條路，全然地接受，並以我的表現為榮。

佐川急便陸上競技部這次有兩人取得奧運馬拉松參賽資格，對公司來說是件大喜事。老闆非常開心，慷慨提供經費，安排隊長大家正喜和我的家人免費到奧運現場觀戰。住在金門的爸媽，就在哥嫂的陪同下，飛了大半個地球來到亞特蘭大為我加油；公司也組了約四十人的加油團，讓我充分感受到這趟奧運馬拉松之

從反對到支持，家人終於為我驕傲而來。

路並不孤單。

媽媽後來對我說，如果不是我，她一個農村婦女，這輩子不可能有機會踏出國門。包含之前到日本參加我的大學畢業典禮，還有這次來美國現場看奧運，能見識不同的世界，讓她覺得很開心；看到自己兒子表現佳，受人讚賞，更讓她覺得很欣慰。

亞特蘭大奧運馬拉松賽事全紀錄

一九九六年亞特蘭大奧運會，剛好是一八九六年古柏坦復興奧運的一百週年，是別具意義的奧運年。但在奧運開幕後的七月二十七日，位於市中心的奧林匹克百年公園，卻發生了恐怖攻擊。在上千人聚集的音樂會上，炸彈爆炸，造成兩名民眾死亡、上百人受傷。恐怖組織想藉此攻擊，表達其對特定議題的立場，並迫使正在舉行的奧運會因此中止。幸好大會控制得宜，賽事仍照常進行。

我當時住在選手村，並不清楚發生的細節與前因後果，只希望賽事能順利舉行，畢竟這是我第一次參加奧運，可別還沒上場就結束了。

男子馬拉松比賽時間在八月四日上午七點，起點和終點都在奧林匹克百年體育場（Centennial Olympic Stadium），共有來自七十九個國家或地區的一百二十四位選手出賽。當時的世界紀錄與奧運紀錄分別是丁薩莫（Belayneh Densamo）的兩小時零六分五十秒和洛佩斯（Carlos Lopes）的兩小時零九分二十一秒。

亞特蘭大的八月果然天氣頗為溼熱，眾家好手起跑配速保守偏慢，這是奧運馬拉松典型的開場節奏。由於奧運多在主辦城市的夏季進行，氣溫偏高，加上選手不熟悉新規劃的賽道路線，要創個人最佳成績不容易，拿下好名次會更為重要。

這樣世界級大比賽，要多了解身邊這些選手的實力，也要對自己的狀況夠清楚。評估周邊選手的最佳成績大多優於我，因此不能亂跟，最好依照自己的節奏配速，伺機而動。

最熟悉的實業團隊友大家正喜，一開始就跟著領先集團衝出去。我想這是因為日本選手有奪牌的壓力，無論如何，他必須先跟上，就算後面爆掉落隊，也比一開始就落後、完全沒被轉播畫面拍到來得好。

我則以每五公里為一個區間來面對接下來的挑戰。

第一個五公里，先測試自己當天的狀況，跑了十六分三十四秒，排在所有參賽者中段偏後的位置；而前方超過六十人的領先集團，是以十六分二十秒左右通過，相差十四秒，還在可見範圍內。

第二個五公里，經暖場測試後，我將配速提升到十六分零七秒，但前方的領先集團也同步加速，這個五公里分段時間是更快的十五分三十七秒。集團人數略為下降到五十人，我則在一百二十四位選手中排大約第八十名的位置，落後約五十秒。此時我的隊友大家正喜仍在最前端領跑。

半馬時，我以一小時十分三十秒通過，心裡已經知道，想突破自己的最佳成績已經不可能，後半就看如何將狀況維持住，努力爭取名次，追上前方因配速過

在奧運跑道上，為夢想跑完最後一步，即使筋疲力盡，我仍帶著笑容跑向終點。

快而逐漸掉速或棄賽的他國選手。過程中不斷與自己對話，為自己打氣。雖然氣溫偏高，體感炎熱，但想到這十多年來的努力，想到在終點等待的家人朋友，無論如何，我一定要傾盡全力完成比賽。

隨著奔跑距離的累積，溫度逐漸升高，體力則逐漸消失，但堅持下去的決心，讓我的名次慢慢向前推進。終於從道路回到田徑場，當我沿著跑道直線，即將通過終點線時，雖已筋疲力盡，臉上卻帶著笑容，整個人從裡到外是充滿感恩的喜悅。

我一直為參加奧運這個夢想努力邁進，如今美夢成真，站上起跑線，鳴槍出發，一步步地跑完四二．一九五公里；雖然成績看起來不是很理想，但考量那天的氣候環境，我仍為自己的表現感到高興。

完賽成績兩小時二十三分零四秒，排在第五十七名；隊友大家正喜雖在十公里處領先，但後段未能維持住，最後以兩小時二十二分十三秒獲得第五十四名（共有一百一十一人完賽)。

金牌是南非選手瑟古安(Josia Thugwane),成績兩小時十二分三十六秒;銀牌是南韓選手李鳳柱,成績是兩小時十二分三十九秒;銅牌則為肯亞選手魏奈拉(Eric Wainaina),成績是兩小時十二分四十四秒。前三名成績僅差八秒,是奧運馬拉松史上最激烈的金銀銅牌之爭。李鳳柱是繼上屆同胞黃永祚在巴塞隆納奪金後,韓國連續兩屆拿下奧運馬拉松獎牌;魏奈拉這面銅牌,則是肯亞奧運史上第一面馬拉松獎牌;而瑟古安為南非拿下了第一面馬拉松金牌。

——與膝傷共存的奧運決心

回顧奧運最初的準備期,那時還很有企圖心,心裡想的不是去陪榜,而是評估亞特蘭大的溼熱天氣對我有利，思考是否有機會拚進前八名。

但後來在訓練期，加量又加強度，對身體施加了過多負荷，超出當時所能承受的範圍，膝蓋開始覺得不舒服。後經醫師檢查判定，原來我有先天性膝蓋骨分裂症，這本來不影響我跑步，但在長時間高強度訓練下，身體撐不住而惡化。醫師建議開刀處理，但在討論後，考量當時已經三十二歲，若動手術，

分段	分段時間	當時排名
0-5km	16:34	82nd
5-10km	16:07	81st
10-15km	16:46	79th
15-20km	17:15	80th
半程	1:10:30	78th
20-25km	17:12	76th
25-30km	16:35	73rd
30-35km	17:39	67th
35-40km	17:40	58th
40-42.195km	7:16	57th
全程	2:23:04	57th

我的分段時間與當下排名

至少需要半年才能恢復，再加上復健練回原有的肌力與協調性，總共可能需要一至兩年，勢必趕不上奧運，甚至可能就這樣錯過菁英長跑選手的黃金年紀。於是，最後決定不動手術，以積極養傷和治療來控制傷勢，與傷共存。

這個狀況無疑影響了賽前的訓練與調整。幸好最後還是順利完成奧運馬拉松的比賽，並沒有因恐怖攻擊而取消賽事，也沒有因傷勢惡化而被迫退賽。能在運動最高殿堂的競技場上，完成自己長年來的夢想與堅持，真是最好的結局。

7——踏上回歸之路

——感謝你們讓我跑下去

我一直覺得自己很幸運，能走自己真正喜歡的路。

我姊姊頭腦很好，從小成績優異，總是排在第一名，但因家裡經濟問題，沒法繼續念書，只能留在家中幫忙。哥哥也是，年紀很輕就得半工半讀，分擔家計。而我身為家中男丁之一，卻一心想著跑步，不顧家裡狀況，堅持走自己的路，沒有留下來幫忙。

在我內心深處，很早就認為在金門務農會很辛苦，許多關乎收成的變因，只能看老天爺臉色，祂給或不給，沒人知道，沒人可控制；若只是留在家裡幫忙，不是長久之計，我得想想其他生存之道。

我知道自己心裡一直很叛逆，想改變，想突圍，努力打工籌學費，只為爭取到臺灣讀書，繼續精進跑步實力。只是沒想到後來竟能到日本讀大學，畢業後加入實業團，竟還跑進了奧運。

有時也會覺得，這樣的自己真是超級不聽話且不孝順，就只顧朝著自己的夢想往前衝。但堅持訓練十七年後，站上奧運這個運動員最高殿堂的起跑線時，我很開心，也無比感恩。感謝家人雖然嘴上說著反對，卻又這樣一路包容我，讓我做自己喜歡的事。

那天站上起跑線時，我把手放在胸前，心裡默默對看臺上的家人說：「我現在要比賽了，謝謝老天讓我們成為一家人，沒有你們容忍我的任性，就不會有現在的許績勝。今天站在起跑線上，我將盡全力跑出好成績，不讓大家失望，絕不辜負大家為我做的承擔與犧牲。」

這樣的賽前儀式對我很重要，回到初心，莫忘初衷，是我持續向前的能量。

回想我剛開始練跑時，身邊太多人看不起我，不認為我會有好成績。這些聲音或多或少會影響心情，我不能太在意。或許他們說的也沒錯，我當下的狀態，確實還稱不上頂尖。但我試著將旁人給予的低估和批評，轉化成更大的訓練動力，以實際行動和成果，證明給他們看。

我一直抱持這樣的態度，默默持續努力強化自己，化阻力為助力，周邊原先不看好我的人，當發現我的堅持，想法也開始改變。我常以父親為榜樣來勉勵自己，他每日下田辛勤工作，即使已經晒到脫皮起疹，為了生活，從不停歇；相比之下，我練跑的疲勞，仍是為了追求自己熱愛的事，實在談不上什麼苦。

──下一步，該往哪裡走？

奧運後的第一場賽事，是日本一關國際半程馬拉松，我跑出一小時零五分五十一秒的成績，獲得優勝。一個月後返臺參加民國八十五年臺灣區運動會，在一萬公尺項目以三十分五十二秒九八拿下金牌，五千公尺項目則是以十四分四十一秒九六奪銀。

進入一九九七年，二月的東京馬拉松，僅以兩小時二十五分五十五秒完賽，排第三十四名。

這段期間，膝蓋問題持續困擾著我。若無法再有所突破，是否也該開始考慮退役的時機呢？（退役回臺後，膝蓋問題不至於影響生活起居，因此至今亦未開刀，但我會加強周邊肌群訓練，學習與之共存。即使在體育課上進行籃球跳投、

奧運後的第一場賽事，日本一關國際半程馬拉松，獲得冠軍。

羽球跳殺等動作，也都不成問題。）

我向公司表示，希望練習之外的工作不再只是執行打字這類基層工作，能否調到電腦開發部，多學些知識技能，為未來的職涯規畫預做準備。

觀察過去實業團退役的選手，大部分會先留在公司轉為職員；像我所在的佐川急便有許多關係企業，包含運輸、旅

1996 年 9 月 29 日	日本一關國際半程馬拉松	冠軍	1:05:51
1996 年 10 月 23 日	中華民國 85 年 臺灣區運動會 10,000 公尺	冠軍	30'52"98
1996 年 10 月 26 日	中華民國 85 年 臺灣區運動會 5,000 公尺	第 2 名	14'41"96
1997 年 2 月 9 日	日本東京國際馬拉松	第 34 名	2:25:55
1997 年 3 月 30 日	臺北國際半程馬拉松	第 2 名	1:06:19
1997 年 8 月 10 日	世界田徑錦標賽 （希臘雅典）馬拉松	第 51 名	2:31:31
1997 年 10 月 4 日	世界半程馬拉松錦標賽	第 128 名	1:09:56

奧運後之重要賽事列表與成績

遊、印刷、航運等，選擇相當多元，可以依照個人興趣由公司安排適合的職務。

另外也曾考慮是否再回名古屋商科大學讀研究所，當年畢業時，考量經濟因素與競技的黃金期，沒有繼續攻讀碩士而是加入實業團；或許現在是回去再進修的好時機，於是也請之前的老師幫我寫推薦信。

站在人生的十字路口，必

須考量的面向很多，也思考著各種可能性：繼續拚、開刀復健、退役轉任職員、回名古屋商科大學讀研究所、回臺灣。選擇多雖令人煩惱，但也是好事，代表過去不停努力的自己，為人生創造出更多的機會與可能。

從金門、臺灣、日本、亞特蘭大，從農家子弟、區運會、奧運選手，一路跑來，受到太多貴人相助，心裡始終銘記：若能功成名就，必定要好好回饋。

——下一段路，我想陪別人跑

或許時候到了。多年來奔走世界各地參賽，見識了不少，包含歐美系統與日本式的訓練，也熟悉企業如何管理實業團選手。當下，回臺貢獻所學、提升臺灣長跑水準的想法，漸漸勝過了續留日本發展這個選項。我人生的下一步，開始以退役回臺的方向來規畫。

一九九八年十二月，曼谷亞洲運動會，我再次入選亞運代表隊。原先報名了一萬公尺和馬拉松兩個項目，後來只出賽一萬公尺；馬拉松在賽前評估身體狀況不佳，成績不會好，最後決定棄賽。男子萬米也只拿下第十名。

賽後，自覺大概很難再突破，就決定退役了。

我知道，在臺灣當時的體制下，若想把多年所學教給新一代選手，一定要進入校園。而若想進大專院校服務，就得先取得碩士文憑。於是我報考國立體育大學教練研究所，考試的項目是英文與訓練法。

當時我的英文能力並不好，應考的英文成績不太理想，但靠「訓練法」這科的高分，加上豐富的國際賽經歷，總算取得了口試機會。面對主考官時，當我回答完所有問題後，他們在結束前問我：「如果今年沒被錄取，明年還會再來考嗎？」

我老實回答：「我知道我英文筆試成績不好，但若是考日文，我一定沒問題。至於若沒錄取，明年還來不來，這事真的說不準。」

結果很幸運，我順利錄取研究所，或許面試官覺得我的回答很真實，也感受到我是真心想回饋在日本所學。

研究所的生活轉眼即逝，快畢業時，我到處查詢哪間學校有教職或教練缺。因為不想靠關係、請人關說走後門，我老老實實地以最傳統的方式找工作，把履歷寄給四十多間有開缺的學校。沒想到，以我是全國紀錄保持人加奧運選手的經歷，卻只收到一間學校的回應——彰化縣的大葉大學。

履歷上留有我的手機號碼，但那時因仍有在跑步練習，行動電話經常沒帶在身邊。幸運的是，大葉大學負責通知面試的職員打來時，我剛好在進行畢業典禮的彩排，發現電話響了，原本還猶豫是否要接，幸好最後有按下接聽鈕。電話那頭說學校體育室有教師需求，我的條件符合，要跟我約面試時間。

有機會面試，我很開心。學校希望我能補交三封推薦信，我隨即找了紀姊、雷寅雄教練、陳全壽主委協助撰寫。面試後確定錄取，就這樣開始了我的第一份教職。後來屏東的大仁技術學院與家鄉的金門技術學院也陸續邀我去面試，但經各方考量後，我並沒有前往，決定到大葉大學，展開我的新生活。

——將跑道精神帶入教學

跑步是我熟悉的專項，但當進到學校擔任教職時，觀察體育室的分工，我很早就有危機意識——一定還得學些其他運動專長，不可能跟學校說我只會教跑步呀！走競技運動這條路，遲早會面臨退役的那一天；不論成績好壞，你都要做好準備。當歲月或傷勢把你的專項能力取走時，原有的優勢不再，你還剩下什麼，而這「剩下的」部分，是否足以支撐你的生活？

我開始以馬拉松訓練的精神，努力學習羽球、保齡球、高爾夫等技巧性高且學生較感興趣的運動課程。因為我很清楚，若只開跑步課，願意選修的大學生不多；開課人數不足，學校又有什麼理由續聘我呢？

拿出當年在日本練跑與讀書時的拚勁，羽球成了我的第二項運動專長。修課的學生中，除非原本就是羽球體保生，幾乎沒人打得贏我。保齡球我則學會丟「飛碟球」，高爾夫球我也能教。這是一種態度的轉換，將過去專注於精進長跑及馬拉松訓練的系統拆解，套用到其他運動上，思考不同運動所需的技能，分析後重組，並找出適合與對應的訓練方式，然後按部就班地持續練習。

比方說當初練習羽球的發球時，我就一桶球一桶球不斷地發，直到對面球場幾乎布滿了過網落地的練習球，才換邊撿球，稍作休息後再繼續練。同事有時會覺得：「這又不是你的專長，有必要這麼拚嗎？」但我其實不覺得累，就是專注地想做好這件事。

當你擁有某項技能後，若不懂怎麼教、怎麼行銷自己的課，影響力還是有限。所以除了本身的實力，還得學習如何表達、講解、分析、評論，這是推廣運動很重要的能力。

就像我會把優秀運動員想像成一個電扇系統，意識是開關，身體則是機械零件；今天我要一檔微風、二檔中級風，還是三檔強風，好的運動員應可隨心所欲地切換。身體的控制是由心的意識主導，不是單靠本能或蠻力橫衝直撞，而是身心平衡下的精準呈現。

在大葉大學待了幾年，累積了許多教學經驗，也奠定了我的教學系統。後來，終於盼到機會，轉到國立臺灣體育學院（現為國立臺灣體育運動大學）任教，正式帶領田徑項目的中長跑隊，更能發揮我過去所長，讓經驗傳承下去。

——睽違二十年，以教練身分重返奧運

自日本實業團退役後，我將主要心力都投注在如何將過去所學，傳承給臺灣的年輕選手，單純想讓臺灣的長跑選手更強。只是沒想到，睽違二十年，我竟會以教練的身分重返奧運。

二〇一六年里約奧運，我以教練的身分來到奧運會，這屆奧運馬拉松有何盡平、謝千鶴、陳宇璿三位選手參賽。這是中華隊奧運參賽史上，第一次有這麼多人出賽馬拉松。我的任務就是協助選手在賽前的調整與準備，希望大家都能順利

完賽，並爭取好成績。（奧運馬拉松因天氣炎熱，不利長距離路跑競賽，通常不會以突破個人最佳成績ＰＢ為目標。）

這屆馬拉松被安排在奧運賽會期的中後段進行，選手提早在開幕前就抵達里約，進駐選手村，以適應時差與氣候環境。雖然三位選手在臺灣分別由不同教練指導，但因教練證配額有限，最終由我一人擔任現場教練。不過，在入住選手村期間，我還是會幫忙盯所有選手的課表，並提供必要的協助。記得那時有請團本部幫忙買一部腳踏車，讓我可以騎著它在選手村內穿梭，即時掌握三位選手的訓練狀況。

當時大會有安排比賽路線勘察，車程約三十公里（因賽道有重複路線），加上前後集合的時間，整趟至少需要兩個小時。選手選

何盡平	第 99 名	2:26:00
謝千鶴	第 113 名	2:54:18
陳宇璿	第 127 名	3:09:13

里約奧運中華隊馬拉松項目成績

擇留在房間休息，我就代替他們搭上大會的交通車去繞了一趟。我覺得這很重要，事前親眼去感受並了解路線上該注意的地方，有機會讓成績能更好一些。

比賽當天我則搭大會接駁車前往供水站，在過程中為選手遞水與加油打氣（比賽部分路段是繞圈進行，選手會通過該供水站三次）。在選手最後一次通過供水站後，再搭接駁車回到起終點。

最後，三位選手都順利完賽，我為他們感到高興，也算是完成了自己在這次奧運馬拉松擔任教練的任務。

——世大運寫下臺灣長跑新頁

二〇一七年世界大學運動會在臺北舉行，我擔任國家長跑隊的教練。

在自己國家主場比賽，教練和選手當然都希望跑出好成績，尤其本屆賽事還設有半馬團體賽，組團對地主隊有利。

賽前集訓是在左營國家訓練中心，這裡的硬體環境很不錯，但天氣太熱，實在不利於長距離訓練。一般集訓表定下午三點開始，對長跑選手來說，這時間根本不可能有效練習，光站在陽光下就令人受不了，更何況跑課表。

所以後來我幫大家申請到氣候較宜人的金門移地訓練，也邀請曹純玉的教練陳囿任一同協助訓練。

最後，中華隊拿下女子半馬團體組第三名，參賽選手分別是曹純玉、游雅君、陳宇璿、張芷瑄。這是臺灣有史以來第一次拿到國際賽長距離項目團體獎牌。雖然仍有部分網友冷嘲熱諷，覺得這是因為其他國家沒組隊，但我認為，無論如何，還是應該給予努力訓練和參賽的獲獎選手應有的尊重與肯定。

8

對臺灣長跑環境的期許

自一九九五年創下臺灣男子馬拉松全國紀錄，至今滿三十年；而一九九三年創下一萬公尺二十九分十二秒一的紀錄，更是已經三十二年；當時真沒想到，這紀錄會維持這麼久。

若要談這些年臺灣長跑選手的養成，可從選手、教練（教練團）、外界支援（資源）幾個面向來談。

——選手：強者之路，從練心開始

要把選手擺在第一位，因為好成績的首要關鍵肯定是在選手。馬拉松競賽持續時間長，考驗選手的身心平衡，兩者兼具，成績才能穩定輸出。

想成為頂尖選手，跑者除了要具備優異的身體素質，更需要有一顆想練、想突破、想變強的心。這顆心，包含持續提升自我的心理韌性、虛心求教的態度、不怕挫折追求目標的決心、感恩與分享的心。這些初衷沒有守住，很難在需要長時間且單調訓練的耐力運動中持續進步。

我會建議後輩選手，先培養對跑步的興趣，虛心求教，努力找到適合自己的訓練與生活方式，並持之以恆。別急於求成，細水長流才能獲得最大的成就。就像我，最初的條件並不出眾，身材條件、肌肉反應都不是頂尖的，但靠著後天不斷努力，最後反而超越了那些原先表現比我好的選手。

總之，保持正確的心態，要相信你自己可以。這不只是自信，而是堅持不懈地去實現目標。這樣的信念對馬拉松訓練至關重要。

也要保持對跑步的熱愛，樂於挑戰，專注地把該做的事情做好，自然能看見成效；而不是短視近利，因為有物質或金錢的誘因才去做。

另外也要學習如何「享受」這個痛苦的過程——我的經驗是，唯有感受到自己的成長，才能真正領悟何謂享受。

——教練／教練團：現代訓練，需要一個團隊

教練，或說教練團，也扮演了極為關鍵的角色。這個時代分工愈來愈精細，教練必須對選手的狀況瞭若指掌，理解訓練原理，安排合適的訓練量與強度，擬訂全面、長遠的計畫，引導並啟發選手。

選手若按部就班執行教練安排的課表，就能踏實而充滿自信，成績自然有更高的機率持續穩定進步。

另外，現今資訊流通，全世界的成績都在進步，教練必須吸收更多新知，善

用科學技術，將之融入訓練中。以馬克操為例，大家都會教，但不是有做就好，要清楚知道每個動作背後的意義，對症下藥，而不是土法煉鋼、亂槍打鳥。

教練還要盡可能創造優質成長環境，包含安排合適訓練場地、媒合良性競爭的訓練夥伴等。

選手與教練之間必須彼此信任，若不能同心，效果自然會打折扣。我會希望選手要百分之百信任教練，若對教練的安排有懷疑，應坦誠溝通，避免誤會。

此外，每個階段的教練都有不同的任務，從小將基礎打穩、將跑姿形塑好，長大後身體的骨骼與肌肉成熟時，就比較好調整。若小時候訓練只看秒數、成績，都不管基本動作，等養成不良姿勢和習慣後，會產生很多問題，也很難修正，想突破成績也更難。

尤其我不贊同懲罰性的練跑，有些教練會在訓練時威脅選手「跑不到要求的秒數就再多跑幾趟」，這種做法是錯誤的。選手跑不到該有的秒數，一定有原因，可能是狀況不好或疲勞，若這時硬要跑，只會增加受傷的風險，不僅無法調整修正，還常會愈跑愈糟。

另外，國內外教練間若能多交流，摒除門戶之見，分享新知心得，一定更有機會幫助選手突破。

教練要非常了解選手的狀況，不清楚的地方就要問選手，選手也要懂得表達。有時我問選手：「今天跑得怎麼樣？」對方只回一句「還好」。還好是什麼意思呢？是好還是不好呢？好在哪裡？不好在哪裡？教練要懂得引導選手說出來。

現今強調科學化訓練，除了長跑本身的訓練法，還涉及飲食、營養補給、恢復、心理等層面，教練不可能全都懂，所以應該組成一個專業的團隊，集結各項資源，團隊裡的每個人各司其職，來協助選手變得更強。

——外界支援與資源：家庭、學校、協會、國家、企業

關於外界支援，早期最好能有父母、家人的支持，這條路比較走得下去；學校教育也很重要，不能只顧訓練、不讀書，應透過學習來建立良好的邏輯思考能力與面對問題的正向態度。在這樣的基礎上，慢慢再加入國家與企業的資源，選手、教練、家長、學校、協會、國家、企業，所有關係人都具有繼續成長向上的共識，關心長跑運動的發展，形成一種相互扶持、互利互榮的氛圍，如此選手才更有機會充分發揮實力、創造好成績。

以過去在日本實業團的經驗為例，當企業壯大後，其責任是照顧好員工，並尋求回饋社會的方式。每年元旦舉辦的全日本實業團驛傳，就提供了日本企業這樣一個平臺，由企業出資成立接力隊，延續選手的訓練與成長；公司則藉由賽事

轉播，獲得形象或知名度的提升，使企業更加茁壯；而國家得以將資源投注於基礎建設和教育上。

很可惜的是，目前在臺灣的長跑運動領域，尚未能發展出這樣的共好環境。臺灣選手通常在國高中時都很努力，無論是為了成績，或為了升學；但進入大學後，缺乏訓練動機，也缺乏同等級的選手共同訓練與相互刺激。相形之下，日本大學生若跑得好，有驛傳接力賽這樣的舞臺展現實力，畢業後甚至有機會被實業團延攬。

臺灣短期內要創造這樣的長跑環境並不容易，幸好目前已經有一批人開始投入改變的行列，創立了表揚與獎勵長跑運動員的「長明賞」獎項，引入企業資源，從尊重專業運動員、提升運動員的形象做起。當長跑運動員的形象提升，也更容易獲得家人的支持；就學期間，學校會更願意提供支援，讓選手能兼顧訓練與學習；協會與國家單位則可致力於建立公開、透明且公平的選拔與培訓制度、洽談合適的訓練基地、規劃並舉辦亮點賽事，營造選手良性競爭與表現的舞臺。

雖說「錢不是萬能」，但現實是，沒錢就很難推動許多事情。想要改變大環境，單靠選手和教練的努力是不夠的，需要大家共襄盛舉。期待未來能有更多企業願意加入，為臺灣長跑運動的發展做出貢獻。

9——提升臺灣菁英運動員成績的具體做法

這些年，臺灣馬拉松運動人口增加許多，素人跑者的整體平均成績不斷提升，菁英選手的表現卻遲遲未能突破。分析原因，關鍵可能在於驅動力不同。

市民跑者跑馬拉松的動機，不外乎追求健康、成就感、社交、旅行，這些目標能讓市民跑者獲得極大的滿足，且樂此不疲。

菁英馬拉松選手則不同，他們面對賽事，必須做充足的準備，一年只能參加兩、三場比賽；這與一般市民跑者「跑健康、跑歡樂」的心態大不相同。尤其當選手離開學校後，得面對生活和職場的壓力，缺乏如日本實業團般的長期贊助，很多人無法維持足夠的內在動機，來支持他們持續努力訓練、追求突破。

不過我仍想強調，選手必須相信：只要全心全意做好一件事，想要的成果與資源自然就會到來。必須先願意犧牲、專注訓練，當跑出成績來，更多資源自然會逐步到位。換句話說，你必須先認分地做好該做的事。

現在許多年輕選手其實具備很好的身體條件，卻因各種因素過早退出賽場，可能是想成為頂尖、世界級選手的決心與霸氣不夠，也可能受到其他誘惑與選擇影響，很少能堅持下去，非常可惜。

或許我年輕的那個時代，生活上的干擾少，讓我除了練跑，能夠非常專注於提升自己的實力。加上我個性好強，遇到好的對手，就很想拚拚看，一定要贏過對方；不只身體層面在耐力、肌力上要訓練，心理方面的知識、企圖心、穩定性也很重要，身心都要夠強，才能穩定且高效率地發揮實力。

頂尖選手因訓練要求更精準，很難兼顧訓練與工作。人身體負荷量有限，需要足夠的時間休息與修復，之後才能繼續接受更高強度的訓練；若訓練後還得工作，休息不足，容易影響接下來的訓練，自然也降低了再突破的機率。

另外，現今科學對於人體運作更了解，選手與教練還應學習營養學知識，確實執行「吃對睡足」，找到最適合自己的飲食方法，盡可能讓比賽時都處於最佳狀態。

長跑是晚熟型的運動，現在是運動科研時代，若能善用科技工具，甚至隨著年齡漸長，選手心智更成熟，成績還可能更好；若大學畢業或更早就退役，實在可惜。

素人跑者的進步與菁英選手成績突破，兩者關係可能不大，但有更多人投入這項運動，對整體環境肯定有所助益。

——未來可以努力的方向

・建立國內外友好的長跑訓練基地

臺灣夏季平地過於炎熱，不適合長跑訓練，移地訓練肯定是需要的。過去臺灣也曾有一些不錯的長跑訓練地點，像是山區的清境農場、梨山，離島金門等，但因未能持續前往並投入資源優化，都沒能成為長期友善方便的訓練基地。

官方與民間應可合作，參考日本實業團與大學驛傳隊合宿訓練的模式，找個適合訓練的鄉鎮，每年定期到該地去訓練，將資源帶到該地，換取環境良好、對選手友善、訓練生活單純，讓選手能安心的訓練中心。

比如選在南投縣的鄉鎮建立合宿基地（可考慮將校舍改建），距離日月潭、山區不遠，除了長跑訓練，也可服務從事水域運動的選手。

有了訓練中心，也更有機會讓不同團隊一起訓練，創造良性競爭，教練間也可多交流；目前田徑協會的青少年潛優計畫（潛力優秀）就做得很好，可惜未能延續到成年選手。

在國內還沒能建立良好的環境前，可先前往日本或中國現有的訓練場尋求合作，多開發幾處對臺灣跑者友善的訓練基地。透過官方或民間協會正式簽署合作計畫，創造讓臺灣選手更自在、舒服的環境，一方面解決夏季臺灣過熱不適合訓練的問題，一方面這類基地不只提供硬體設施，還能有專業行政團隊協助生活安排，教練跟選手僅需專注在訓練上，甚至有機會遇上其他國家可以互相激勵的同等級選手。

・創建菁英選手能一同訓練、同場競技的環境

臺灣目前菁英選手大都是各自訓練，若想挑戰全國紀錄或國際更高殿堂，這樣的平時訓練在刺激與強度上可能不足。應創建菁英選手能一同訓練的環境或平臺（比如舉辦訓練營、菁英挑戰賽等），期待透過良性競爭，雙雙提升各自的最佳成績。

・更高度的訓練資源整合

除了傳統教練的訓練法、課表交流，關於飲食、營養、恢復、生活、心理師等，皆應集結能提供這些服務的專業人士，引入資源，協助媒合，分享知識，更精準地為選手量身打造個人所需的訓練資源。

・暢通出國進修訓練的管道

複製我年輕時候的路，重新建構將優秀選手送到日本就學、訓練的管道。到日本訓練，能有更優質的訓練氣候、訓練夥伴、資源等，但能否成功的關鍵，仍在於選手的態度與跑步實力，若選派出去的選手表現不符對方需求，贊助資源可能就會中斷。要走這條路，最好能提早準備語言能力，若語言不通，訓練會打折扣，選手挫折感重，也會反映在表現上。

・洽談專屬友善賽事

應找幾場適合創造佳績的馬拉松賽事，與大會簽署正式合約，每年派菁英選手前往參賽，並跟大會協調安排VIP等級服務，比如在起點有休息暖身區、起跑位置的安排（不須自行卡位）；這樣能讓選手更專注在賽前準備上，不用擔憂其他雜事而影響成績。

可能洽談合作的賽事如日本的大分別府馬拉松、大阪女子馬拉松，以及中國的廈門馬拉松等。當然，這項任務的挑戰在於我們選手的實力，實力越好，談成的機會越大，配合的條件也越優。

・創建長跑經典賽事及組織實業團

馬拉松選手的成熟期較晚，若選手離開學校就面臨生計挑戰，進而影響訓練，將是非常可惜的事。但若想像日本一樣有實業團支持，則需要同步創建類似新年驛傳、箱根驛傳之類的經典賽事，讓選手有固定的表現舞臺，增加企業曝光機會，提升企業贊助效益。

・加大誘因

之前日本馬拉松紀錄也曾多年沒有突破，直到多家企業共同募集了一億日圓的破紀錄獎金後，重賞之下果然有勇夫，真的就打破了紀錄。不過，錦上添花的獎勵固然可喜，但長跑界更需要的，或許是雪中送炭的支持。

在臺灣，願意投入長跑訓練的選手，多數家境並不寬裕，或許可以先投入一些資源，讓他們的基本生活安定下來。有了穩固的基礎，才能更有耐心地把長跑環境的地基打得更寬、更穩，後續才蓋得起高樓。

出錢的企業或個人，通常都想看到速效，但馬拉松運動真的急不得，訓練若下猛藥，往往只是曇花一現。這項運動需要時間與耐心，我相信，未來十年內，絕對有人有機會突破我的紀錄。

・發起破紀錄十年計畫

挑選目前二十五歲以下的年輕選手，展開為期十年的馬拉松破全國紀錄計畫。組建破紀錄團隊，成員包含教練、醫師、營養師、物理治療師、心理師、行銷宣傳、行政執行等人員，以三年為一期，逐步培養選手實力。

初期先強化一千五百公尺、五千公尺的短程速耐力，再推進至萬米、半馬的成績提升，並搭配合適的全馬參賽訓練，逐步累積實戰經驗。最後才是以全馬為主的訓練階段。整體目標設定為十年內打破兩小時十四分三十五秒的全國紀錄。

——想突破，至少先複製我當年的訓練環境與氛圍

其實這些年，臺灣的素人跑者成績已有顯著進步，女子菁英選手的表現也不斷向前推進。曹純玉於二〇二〇年十二月臺北馬拉松創下兩小時三十二分四十一秒的全國紀錄；二〇一九年至二〇二四年間，她也多次跑進兩小時三十九分。

而我的紀錄還沒被打破，可能原因之一，是目前大多數具有挑戰潛力的年輕菁英好手，缺乏足夠的企圖心與決心。我年輕時，沒有什麼外在獎勵誘因，選手日復一日前來練習的動機，單純基於那份對運動的熱愛，以及自我挑戰、精益求精的渴望。現今社會較三十年前複雜許多，資訊氾濫，外界誘惑強烈，選手選擇變多，很難專心一致、全力投入訓練，只為單純想讓自己變強。這樣的情況，在長跑領域尤其明顯。也或許因企圖心與決心不足，他們所得到的資源與支持，可

能還不如三十年前到日本訓練時期的我。

在批評菁英選手不爭氣之前，倒是可以先試著換位思考：如果是你，你會做出什麼選擇呢？

馬拉松或路跑運動，是少數能讓菁英選手與市民運動員可同場競技的奧運項目（鐵人三項是另一個）。也因此，長跑選手多了開設跑步訓練班、指導民眾的機會，藉此可立即賺取收益來改善生活。相較之下，其他田徑項目如鉛球、標槍或短跑，選手較少有機會為民眾開設鉛球投擲班或短跑訓練課程。在每人每日都只有二十四小時的限制下，你是選擇**開班賺錢**？還是全力**追求一個需要非常努力、卻不知道能否達成的目標？**我想，大多數人會選擇前者吧。

這選擇沒有對錯，只是反映了臺灣菁英長跑環境的現況。在民眾期待菁英選手突破紀錄時，也應理解，在頂尖競技的領域中，想要同時兼顧教學、工作與訓練，是非常困難的。

馬拉松選手在歷經高強度訓練後，需要充足的休息、保養、恢復，這是長跑生活中很重要的環節。若無法像我當年一樣，有日本實業團提供的專業團隊支持，至少也應設法加入歐美或非洲的長跑俱樂部、訓練營等組織，透過專業分工，心無旁騖地強化自己，如此才能持續累積訓練成果，進而達到最高等級的出類拔萃。而這樣的環境，需要更多人、更多企業來共襄盛舉，才能創造出來。

另外我也希望年輕選手可以更霸氣些，更勇於向世界挑戰，大膽追夢。想當年，我設定的馬拉松目標是突破兩小時十分，可惜最後只停在兩小時十四分，成為我運動生涯中最大的遺憾。但這個相信自己與努力不懈的過程，即使未能如願達成目標，已是人生中無價的回報。

這時代，單打獨鬥很辛苦，必須改打團體戰。我們得將目標放在打造一個好手們可以互相競爭、激勵、分享資源的環境，以共好取代單純的勝負之爭。眼光不該只是放在島內競爭，而是應該要提升整體競爭力，勇於挑戰紀錄，並朝亞運會、世錦賽、奧運等國際舞臺邁進。

那天，好奇問了ChatGPT，我的馬拉松紀錄何時會被打破？它回答：「二〇三〇年。」那就讓我們持續努力，打造更好的環境，期待這一天早日到來！

10 一路跑來，感謝有你們

回顧我人生中最重要的三場賽事——

第一場，是一九八五年葡萄牙世界盃越野錦標賽（IAAF World Cross Country Championships）。那是我第一次參加國際賽事，成績與名次並不理想，但能與各國好手同場競技，讓我見識世界之大，回臺後激發了更強的動力與企圖心，立志追求卓越。

第二場，是一九九五年慶豐高雄國際馬拉松。過去在臺灣舉辦的國際馬拉松賽事，總有人批評說是為外國人辦的，冠軍絕不可能由臺灣人拿下，高額獎金是送給外國人的。每每聽到這樣的說法，我心裡就是不服，也一直想為臺灣選手爭一口氣；而這場高雄國際馬拉松，就在天時、地利、人和下，我實現了把國際賽冠軍盃留在臺灣的夢想。

第三場，則是一九九六年亞特蘭大奧運的馬拉松賽事。奧運是所有運動員嚮往的最高殿堂，能有機會參加奧運，並順利完賽，還有親友在終點迎接我，這份感動，是源於十多年來在金門、臺灣、日本各階段訓練中歷經的酸甜苦辣所融合的成果，箇中滋味，難以用筆墨形容。

反倒是那場創下全國紀錄的比賽——一九九五年大分別府馬拉松，我並沒有將它列入人生最重要的三場賽事之一。原因在於，我心裡總覺得，那天比賽的成績只是辛勤練習後的成果驗收，而這結果剛好破了全國紀錄。我在心態上只是把這場比賽當成每年初必跑的一場例行賽事；然而我沒想到，這紀錄竟維持了三十年。

不過，在這場破紀錄的比賽之前，我經歷了一段長達五年（一九九〇至一九九五年）的馬拉松低潮期。

——咬牙跑過低潮的路

一九九〇年，我還是名古屋商科大學的學生，參加了在漢城（今首爾）舉辦的亞洲馬拉松錦標賽，當時跑出兩小時十六分的成績。但在那之後，馬拉松成績始終無法再有所突破，儘管我在一萬公尺、公路接力賽、五千公尺等相對短距離的項目都持續進步。

探討原因，一方面是操之過急，訓練的強度與量都一味增加，卻未顧及身體是否能承受。過量的結果，就像吃太飽而拉肚子，導致成績停滯。當時也沒有科學化訓練與營養攝取恢復等觀念，只能靠自己摸索。幸好我的身心並未被擊倒，仍不死心地尋找方法，持續鍛練下去。

直到一九九二年加入實業團，經過適應期後，加上有實力相近的訓練夥伴一同練習，彼此切磋，相互激勵，我的成績也開始回升。一九九四年，一萬公尺項目再次打破全國紀錄，進步到二十九分十二秒。而從這個成績去推估，馬拉松也應該要突破了。有了信心，我也覺得時機成熟，機會終於來了。一九九五年，我第三度參加大分別府馬拉松。熟悉的路線，加上平時一起練跑的隊長大家正喜也同場參賽，我在比賽中極度專注地緊跟著他，總算再次突破，甚至一舉將全國紀錄推進到兩小時十四分三十五秒。

幸好在那段低潮期中，我有堅持下去，沒有半途而廢，也因此才能嘗到最後那顆甜美的果實。

——是家人的愛，撐起我的夢想

一路走來，最想感謝的，還是我的家人。

我們家是典型的農業家庭，父母親日出而作、日落而息。從小我就看著母親一早跟著父親上山，除了犁田，什麼活都做。白天爸媽都在山上忙碌，家裡一切事務都由奶奶打點，從打理三餐到管教小孩，全是她一手包辦。我們兄弟姊妹如果不聽話，就會被奶奶教訓，而我總是跑給她追，絕不乖乖就範。

姊姊們雖然小學成績都很好，但家中經濟壓力大，一畢業就得去工作。大姊到文具行上班，二姊則到理髮店當學徒。

哥哥也是初中畢業後就到臺灣半工半讀。我到臺灣念書時，只要到北部比賽，都是住在哥哥那，他會載我去比賽會場。他也曾是田徑選手，專攻短跑，但後來

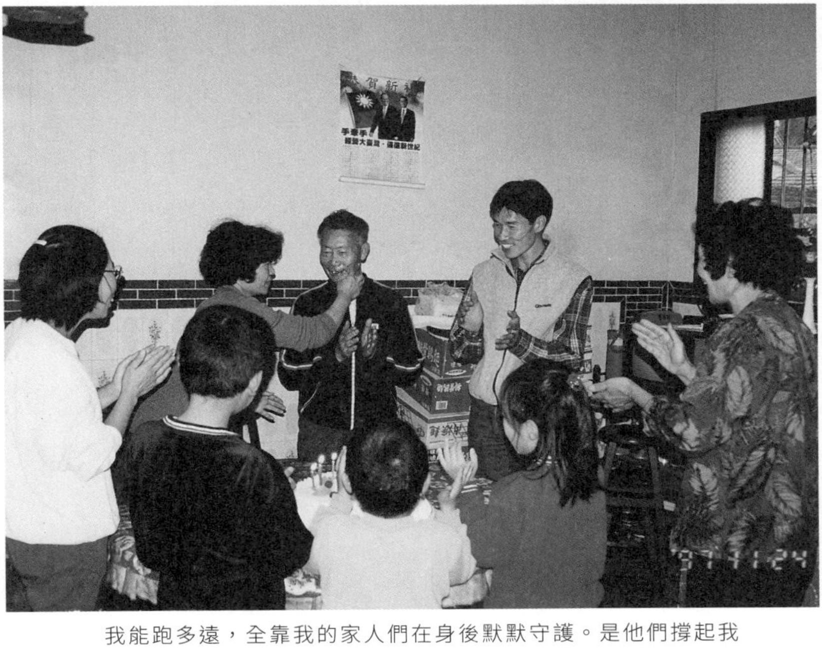

我能跑多遠，全靠我的家人們在身後默默守護。是他們撐起我堅持不放棄的那股勇氣。

為了打工賺錢，無法繼續訓練。

哥哥知道我跑步訓練很辛苦，只要我到臺北比賽，他都會先去買雞骨頭，熬成湯，再加些高麗蔘切片，為我補身體。為了報答他，有一次我在臺北馬拉松得名，獲贈一部汽車，我就把車送給他開。

大妹畢業後也到臺灣找工作，一方面減少金門家裡開銷，一方面也能賺些錢貼補家裡。小妹則是留在家鄉幫忙，開了間雜貨店，什麼有利可圖的服務都能做，舉凡幫軍人洗衣、車肩章、賣雜貨、煮泡麵小吃等，樣樣不拒。

六個小孩中，就屬我最調皮、最不聽話。別人叫我往東，我偏要往西；都沒考量家裡的狀況，一心想要跑步。不過，叛逆歸叛逆，那根深蒂固、受父親與家人身教影響的腳踏實地精神，以及凡事認真努力的「初心」，從未改變。正因如此，當我領悟、找到自己追求的目標後，才能長久持續不停地跑下去。

對於家鄉金門，我始終有著一份特殊的情感，即使現在長住臺灣，但只要金門有需要我的地方，我一定馬上飛回去幫忙。

我高中就入選金門縣區運代表隊，但當時實力不足，成績不好，總是跑不過其他縣市的選手。有段時間，我甚至不敢穿繡有「金門」字樣的運動服去比賽，怕自己讓家鄉蒙羞。記得有一次，領到一件金門代表隊的衣服，很喜歡它的顏色與樣式，但怕自己成績太差，丟金門的臉，我特地拿針挑掉「金門」兩字的繡線才敢穿上場。

後來，隨著成績越來越好，經常拿第一，這時若在國內出賽，我反倒一定要穿有「金門」字樣的比賽服。有時來不及繡上或印上，我就手寫，只為了讓大家知道我來自金門，也感念家鄉給我的培育。

曾害怕自己表現不佳、丟金門的臉而拆掉制服上的「金門」字樣，後來卻渴望讓大家知道我來自金門。

——人生路上，最美的相遇

在這本書的最後，我想談談我的另一半。

與太太的相遇，是我人生當中很特別的際遇。我常開玩笑，說她是千里來臺尋夫。她出生於北京，十歲搬到香港，高中在澳洲讀書，大學再到臺灣高雄的中山大學就讀，畢業後進入中華民國田徑協會工作。她很喜歡田徑運動，但其實她的運動專長是游泳。

太太說，一九九五年，臺北半程馬拉松與高雄國際馬拉松這兩場國際賽期間，協會分派她負責拍攝菁英選手的照片。而我前一場拿下第二名，後一場則是冠軍，媒體報紙都是我的相關報導，也讓她對我留下了深刻的印象。

我每次代表國家出賽後回到臺灣，都會先到田徑協會去拜訪，一方面帶伴手禮跟大家分享，並報告比賽過程與成績，也當面感謝所有協助我的人。因為大學時接受日本教育，我在這種場合都會穿西裝、打領帶，著正裝前往。太太正好是田徑協會與我聯絡的窗口，對我印象還不錯。

她給我的感覺則是和藹可親，臉上總是掛著笑容，也很健談。但當時我還在日本實業團工作，相隔兩地，要談遠距離愛情，可不容易。正式決定交往，是在TVBS五週年時要拍廣告，我被選為其中一部的主角，特地從日本回臺參與拍攝。那段時間，我們有了許多相處的機會。

一直到我退役離開實業團，回到臺灣定居，我們才結婚。當時的通訊不若現在網路時代便利，主要靠打電話聯繫；遠距離的戀情，熱戀期聊不完的話，即便選擇減價時段，我們還是幾乎把當時的月薪都貢獻給了電信公司。

轉眼之間，我們已結婚二十四年，育有一男一女。對於孩子，我向來抱持著

「兒孫自有兒孫福」的態度，不會限制他們要做什麼，也不會逼他們一定要練長跑——畢竟，我年輕時就是最不受控的那一個。

很感謝太太的支持與協助，讓我從日本退役回臺後，能重新開始，先取得碩士學位，再找到適合發揮專長的工作，盡力貢獻所學。

＊＊＊

跑步對我的人生有何意義？

臺語有句諺語：「骨力食粟，貧惰吞瀾。」意思是，努力勤奮的人，能吃好食物；懶惰的人，就只能乾瞪眼吞口水。我一直很努力地在精進跑步的路上，而這也確實帶給我豐富美好的經驗與回憶。

在這條漫長的人生馬拉松路上，要特別感謝許多貴人的協助，包含楊媽輝老師、紀政紀姊、雷寅雄老師、野崎哲郎教練等，沒有他們，就沒有今天的許績勝呀！

我靠雙腳跑出人生，也跑出感恩與豐盛的回憶。

附錄　參考數據

1995 至 2024 的這三十年間，男子世界紀錄從 2 小時 6 分 50 秒，推進到 2 小時 0 分 35 秒；女子馬拉松紀錄則是從 2 小時 21 分 6 秒，推進到 2 小時 9 分 56 秒。

臺灣在這段期間跑進 2 小時 20 分的選手，共有五人，分別是：張嘉哲 16 次、吳文騫 4 次、何盡平 3 次、蔣介文 5 次、褚孟璁 1 次，共計 29 次。

時間	次數	選手
2:14 臺	0	無
2:15 臺	2	張嘉哲 *2
2:16 臺	3	張嘉哲 *1　吳文騫 *2
2:17 臺	5	張嘉哲 *3　吳文騫 *1　何盡平 *1
2:18 臺	9	張嘉哲 *6　蔣介文 *3
2:19 臺	10	張嘉哲 *4　吳文騫 *1　何盡平 *2 蔣介文 *2　褚孟璁 *1

* 蔡清洲曾在 1992 年跑出 2:18 臺，但這成績是在許績勝創全國紀錄 2:14:35 前，不在這段討論範圍內，故未列入統計。

若以每十年為一個週期統計——

年代	2 小時 20 分內的次數
2001 ～ 2010	10 次
2011 ～ 2020	17 次
2021 ～ 2024	2 次

完賽時間	選手	比賽	日期
2:15:02	張嘉哲	廣州馬拉松	2019.12.08
2:15:56	張嘉哲	鄭開馬拉松	2011.03.27
2:16:05	吳文騫	廈門馬拉松	2008.01.05
2:16:06	張嘉哲	萬景臺馬拉松	2012.04.08
2:16:15	吳文騫	別府大分	2004.02.01
2:17:10	張嘉哲	柏林馬拉松	2019.09.29
2:17:12	張嘉哲	別府大分馬拉松	2008.12.21
2:17:19	張嘉哲	廈門馬拉松	2006.03.25
2:17:24	吳文騫	臺北馬拉松	2008.12.21
2:17:42	何盡平	琵琶湖馬拉松	2015.03.21
2:18:12	張嘉哲	瓦倫西亞馬拉松	2023.12.03
2:18:17	蔣介文	香港馬拉松	2004.02.08

2:18:17	張嘉哲	福岡馬拉松	2020.12.06
2:18:33	蔣介文	北京馬拉松	2014.10.19
2:18:37	蔣介文	萬景臺馬拉松	2014.04.13
2:18:38	張嘉哲	琵琶湖馬拉松	2019.03.10
2:18:44	張嘉哲	鹿特丹馬拉松	2023.04.16
2:18:49	張嘉哲	蘇州太湖馬拉松	2018.11.18
2:18:54	張嘉哲	琵琶湖馬拉松	2010.03.06
2:19:06	何盡平	琵琶湖馬拉松	2012.03.04
2:19:13	吳文騫	廈門馬拉松	2004.03.27
2:19:14	蔣介文	臺北馬拉松	2012.12.16
2:19:24	張嘉哲	別府大分馬拉松	2012.02.05
2:19:32	張嘉哲	世界田徑錦標賽	2009.08.22
2:19:42	張嘉哲	首爾馬拉松	2005.03.13
2:19:43	蔣介文	大邱馬拉松	2015.04.05
2:19:50	何盡平	萬景臺馬拉松	2013.04.14
2:19:56	褚孟璁	休士頓馬拉松	2020.01.19
2:19:59	張嘉哲	東京馬拉松	2018.02.25

以上的統計，最接近臺灣男子馬拉松紀錄的一筆差了 27 秒，將近半分鐘的時間，換算距離約 150m。

身體文化 188

跑步的初心：台灣馬拉松第一人 許績勝

作者：許績勝．詹鈞智
主編：湯宗勳
特約編輯：文雅
美術設計：陳恩安
企劃：鄭家謙
照片提供：許績勝
詩作授權：許麗芬

董事長：趙政岷｜出版者：時報文化出版企業股份有限公司／108019 台北市和平西路三段 240 號 1-7 樓｜發行專線：02-2306-6842｜讀者服務專線：0800-231-705；02-2304-7103｜讀者服務傳真：02-2304-6858｜郵撥：1934-4724 時報文化出版公司／信箱：10899 台北華江橋郵局第 99 信箱｜時報悅讀網：www.readingtimes.com.tw｜電子郵箱：new@readingtimes.com.tw｜法律顧問：理律法律事務所／陳長文律師、李念祖律師｜印刷：勁達印刷有限公司｜一版一刷：2025 年 7 月 25 日｜一版三刷：2025 年 8 月 29 日｜定價：新台幣 420 元

國家圖書館出版品預行編目（CIP）資料｜跑步的初心：台灣馬拉松第一人 許績勝／許績勝．詹鈞智 著－一版 .-- 臺北市：時報文化，2025.7；240 面；13×21×1.25 公分 .--（身體文化；188）｜ ISBN 978-626-419-648-2（平裝）｜ 1. 許績勝 2. 傳記 3. 馬拉松賽跑｜ 783.3886 ｜ 114008618

ISBN：978-626-419-648-2
Printed in Taiwan